U0067101

社會學說與政治理論

—當代尖端思想之介紹

Social Theory and Political Philosophy

洪鎌德　著

二版序

本書在1997年春天出梓之後，不到半年的光景第一版千餘冊便告售罄，實在是令作者十分的驚喜，也覺得無比的欣慰。這表示世紀杪爲物慾所沖擊的寶島，仍舊有不少好學深思之士，企圖對人類的命運、社會的情狀與前途的探索，寄予希望，求取理解，和積極參與。這種求知的熱誠，眞令人感動與振奮。

固然本書所介紹的歐美幾位傑出思想家之尖端理論，有助於吾人對西方當代社會學說與政治觀點的理解，是促成這本純理論與抽象的闡述之學術著作得以暢銷的主因。但揚智文化事業公司，自總經理以下的該公司年輕執著的工作者之努力，也是促使本書在很短的時間裡便有再版之議的緣由。

在第二版中，作者除了更正原版錯字之外，又增加了紀登士論馬克思與韋伯之一章。事實上，這一章等於是導致當代思想家怎樣來發揮馬克思與韋伯思想與學說的菁華之源頭活水。當代西方的思想無異爲韋伯挑戰馬克思幽靈的引伸。故這一新添的章節，有助於對原書的理解，是故第二版不只是修正（revised）版，也是道地的擴增版（enlarged edition）。

感謝所有促成本書在短期中能夠進行修訂與擴增版的

親朋好友，特別是我的傑出學生，揚智的編輯應靜海先生，是為序。

洪鎌德

誌於台大研究室

1997年10月30日

初版序

當先進的歐、美、日諸國已發展爲後工業、後現代社會之際，世界其餘的地區與國度之人民，或是掙扎於生存線上、勉強求取存活，或是與貧窮、匱乏搏鬥，而談不到富裕，更不用說活得快樂而有尊嚴。像這樣差別懸殊的經濟發展，導致政治、社會、文化、科技不均衡的演變，正標誌著跨世紀人類不同的宿命與機遇。

的確，吾人雖將擁抱二十一世紀，也要迎接紀元2000年的到來，卻被迫面臨著人類發展的不平等、社會龐雜分殊、文明歧異、乃至相互衝突等等不確定年代（Age of Uncertainty）的降臨。

在新世紀、新年代並不爲人類帶來新的希望、新的憧憬的時候，我們顯然要再經歷不確定年代所引發的危疑震撼。在探索人類朦朧的過去、劇變的現代與眩惑的未來，東西方哲人都曾作過不少的努力。其中又以當代歐陸與北美幾位理論大師的學說值得我們研究與思考。本文集便是圍繞在舒慈、杜赫尼、卜地峨、諾錫克和紀登士幾位思想家、理論家的社會與政治理論上，加以舖陳、敍述、剖析、評論，其目的在介紹當代頂尖的社會與政治學說給予華文世界的讀者。

除了舒慈的社會現象論撰述較早之外，其餘各大家的學說都是近年間作者由新加坡返台後，講授《馬克思主義與當代思潮》所牽涉的部份撰述而成，先後發表於《美歐月刊》、《台大社會學刊》、《哲學與文化》等學誌之上。其中涉及紀登士的學說分列兩章，除了剖析他的社會理論之外，也另立專章討論他對馬克思唯物史觀、或稱歷史唯物主義的批判與修正。

本論文集得以及時推出，應該感謝我的研究助理群，包括台大三研所碩士班研究生邱思慎、李世泉，郭俊麟和王啓彰諸同學。思慎的認眞校對與世泉的打字排版尤令人感激。

多年來本人在台的工作能夠順利展開，係得到台大、淡江、輔仁、東吳、東海諸同仁的支援與協助，在此一併致謝。至於在新加坡國立大學歐洲研究中心執教內子蘇淑玉女士與在新加坡執律師業的長女寧馨、以及擔任建築師的次女琮如，所給予我的親人愛心與家庭溫暖，更是我在台寂寞日常生活下勤奮寫作的一股鼓舞力量，這本論文集就是奉獻給我的愛妻與兩個女兒。

最後，但卻最重要的一點爲本書能夠順利出版應歸功於揚智出版社總經理葉忠賢和主編孟樊兩位先生的熱心贊助和積極鼓吹以及編輯部張明玲小姐的認眞編輯和校對和張志豪先生封面設計之精湛，這是作者非常感激之所在。

洪鎌德 序於

台大三研所新廈研究室

1997.2.20

目　錄

引得

第一章　舒慈的社會現象論

社會行動的探討

自從德國社會學家瑪克士·韋伯 (Max Weber 1864-1920) 提出社會科學研究的重點在於社會行動 (Soziales Handeln) 之後，社會科學界開始把其注意力從典章制度的考察轉移到社會情境中人們行動的研究之上。韋伯認為社會行動中「社會的」這個形容詞，是指涉及兩人或兩人以上的交往,因而產生的關係之謂。至於「行動」這個名詞，則是行動者所感受而賦予意義 (gemeinter Sinn) 之思言云為。社會行動可以說是根據行動者的意思，與其他人的行動交接，並且在行動的過程中，一直以別人的行動，作為自己行動的定向。我們不妨說：社會行動是相互的、超越個人的，視個人所處（兩人以上）情境的不同，因應這種情境的價值與規範而採取的動作。社會行動必須有所本、有所根據、有所取向。它可能是取向於別人的過去、或是現在、甚或未來的行動。例如，對別人過去的攻訐之報復，或對別人當前的侵犯之抵抗，以及對未來可能加諸吾人的攻擊之預防等等（Weber 1956, II: 16ff. ；洪鎌德1997b: 197）。

對於韋伯的社會行動學說加以引伸發揚的社會學家為

數極多。在第二次世界大戰結束後執英美社會學主流牛耳的帕森思（Talcott Parsons 1902-1979）便企圖闡述社會行動的結構（the structure of social action）（Parsons 1937; 1968）。不過，對韋伯社會行動學說有所批評與修正的學者，也不乏其人。其中一位出身於維也納大學並曾一度執教於美國的社會思想家舒慈(Alfred Schütz 1899-1959)，尤其值得吾人注目(Schütz 1932; 1973)。

舒慈的生平與著作

舒慈於1899年誕生於奧地利京城，及長在維也納大學攻讀法律學與社會學，受教於法律哲學權威柯爾生（Hans Kelsen 1881-1973），以及著名的經濟學家，奧地利邊際效用學派大師米塞斯（Ludwig von Mises 1881-1973）門下。其社會學的知識則得自韋塞（Friedrich von Wisser 1851-1926）及史班（Othmar Spann 1878-1950）等學人。米塞斯曾批評過韋伯的社會科學方法論，因此在大學時代，舒慈便留意到其師米氏對韋伯學說的駁難與究詰。其後舒氏閱讀胡塞爾（Edmund Husserl 1859-1938）氏有關現象學的文章大爲折服，遂有意把胡氏有關意義的理論，應用到行動的研究之上，進而企圖綰合韋伯的瞭悟社會學（verstehende Soziologie）與胡氏的現象學。爲達此目的，舒慈於1932年撰成一書，題爲《社會界之意義建構》（*Der sinnhafte Aufbau der sozialen Welt*）❶。該書出版後，曾致贈胡塞爾一冊。胡氏閱畢極爲興奮，回信致謝並表示高度賞識，意欲禮聘舒氏爲其研究助手。舒氏雖曾赴佛萊堡大學謁見胡塞爾，並與之通訊不輟，唯未接受斯職。及至納粹勢力興起，舒慈自忖其思想絕難爲極權政體所容，因之移徙巴黎。居停一年後，遂於1939年7月底抵達美國，任教於紐約社會研究新院（New School for Social Research），兼任法律顧問與律師職，至1959年逝世爲止。

舒氏上述的主要著作《社會界之意義建構》的英譯本 *The Phenomenology of the Social World* 於1967年出版❷。其散佚之論文遺著，經其夫人及門生加以編印而成《論集》（*Collected Papers*）計三卷，於彼死後三年陸續出版❸。另有手稿《視爲當然之世界：論自然態度之現象學》（*Die als selbstverständlich hingenommene Welt: Zu einer Phänomenologie der natürlichen Einstellung*）之首卷，經舒氏學生查湼（Richard M. Zaner）整理，並以英文發表，題爲《關連之問題》（*The Problem of Relevance*）❹。此外，舒氏學生之一，任教於德國法蘭克福大學的社會學教授陸克曼（Thomas Luckmann），曾將舒氏另一重要草稿整理發表，題爲《生活界之結構》（*Strukturen der Lebens-welt*）❺。以上爲舒氏作品之大要。

社會科學的特質

舒氏學說之重心，在於當今社會科學最爲人矚目的兩大問題：其一爲社會科學中客觀對抗主觀的問題；其二爲人類舉止行動的特質之問題。前者所牽涉的是：社會科學既然是科學的一支，而科學的特質或標誌，係指「客觀」

而言，因此，社會科學所研究的對象應是客觀事實，其研究成果也應達致客觀標準（Objektivität）才是。

不過，自從德國哲學家狄爾泰（Wilhelm Dilthey 1833-1911）以來，19世紀末至今的德國學界都堅持數理科學或自然科學研究的對象是不受人們意欲左右的自然現象。反之，社會科學（精神科學、人文科學、或文化科學）所研究的對象，卻是具有七情六慾、懷有靈智與意志，並能吸收經驗、不斷學習的人類，以及人類的行動（洪鎌德 1975）。人類謀生活動所呈現的現象——人文與社會現象——，以及所創獲的成果——精神與文化功業——，是否與自然現象一樣呈現規則性？是否可經由人們的感官與理性，加以攝取、把握、瞭解、認知呢？換言之，社會或人文科學能否像自然科學一樣客觀、一樣擺脫好惡之情，而成爲價值祛除（wertfrei）的學問？這些疑問，使得狄爾泰以來的多位德國思想家，像溫德爾班（Wilhelm Windelband 1848-1915）、李克特（Heinrich Rickert 1863-1936）等，堅持自然與社會（或人文）現象截然分開的看法，從而強調社會科學在特質上有異於自然科學。

那麼，社會科學的特質何在？狄氏稱：此等科學所研究的內涵是涉及人們的精神（Geist），例如歷史學、經濟學、法律哲學都是研究人們的精神內涵與表現。反之，物理學、化學則是研究自然界的外在過程。人的精神，乃是文化產品與社會制度的綜合體系，此爲人群生活的重點與中心，是故精神當中最重要的就是親身經歷的經驗（Erlebnis）。認識別人，特別是認識別人內心的生活，就要以心比心，去加以忖度、體會，也就是要加以瞭悟（verstehen）。因此，瞭悟云云，實在就是「在你的內心中，再度找到我自己」（das Verstehen ist ein Wiederfinden des Ich im Du）的過程（Dilthey 191）。從而認識別人、瞭解別人、體會別人，也就成為社會科學知識的基礎。

狄爾泰（Wilhelm Dilthey）這種「瞭悟」的觀點，曾受到李克特的批評與修正。李氏反對使用「精神科學」這一名詞，而易之以「文化科學」（Kulturwissenschaft）。文化科學Kulturwissenschaft的研究對象不是精神，蓋精神或心靈探究，也可藉實驗心理學——自然科學之一支——之功而獲致。文化科學研究之對象，毋寧為文化產品與文化制度。文化產品與文化制度以及由此而衍生的意義，才是文化科學研究的焦點所在。至於人們內心活動的過程，例如心理活動或精神之屬，則交給心理學研究即足。因此，凡是將現象加以考察，因而獲取資料，把資料整理組織，而得出抽象的規則、定律者，可稱為自然科學。反之，將資料加以整理之後，嘗試去理解具體的個案，並賦予意義之解釋，則為文化科學之職責。不過，人群現象中個案的意義，如何才能夠被理解呢？這就要看該個案——那樁事件——發生時，當地人群的價值觀點如何才能決定。由是可知，文化科學所涉及的問題也是價值的問題。價值因人、因時、因地而不同，它不是眞實的事物，卻是具有效準（Geltung）的事物。價值既然與現實有關連，能夠影響現實，那麼我們要瞭解社會現實的景象時，首先就非研究價值不可。在這一意義下，社會科學乃是牽連到價值問題的社會現象之考究（李克特，Rickert）。

瑪克士・韋伯關於社會科學與瞭悟的問題，以及價值判斷問題的探討，都受到李克特很深的影響。特別是韋伯同意李氏的看法，認爲社會現象是一團「無從測量的雜碎〔多種性、多面性〕」（Unmessbare Mannigfaltigkeit）；學者的工作，就在化混亂爲條理，化繁多爲單純，亦即去蕪存菁。可是，社會思想家在解析這類文化生活或社會現象之際，很少不帶上研究者「一偏之見」（einseitiger Gesichtspunkt）（Weber 1968: 24）。這無異說社會學者是懷著某些興趣，某些價值觀點，把現象組成概念體系（Begriffssystem），再由概念系統演繹出原理、原則。固然，韋伯主張科學的研究必須價值中立與絕對客觀，這是指在科學研究工作的過程中，學者應抱持的信念與作法，此點與上述社會科學本身涉及價值的說法有異。換言之，藉著價值與興趣去尋求問題，和藉著價值與興趣去解答問題，是兩樁不同的事體（Walsh xvi）。

社會科學主觀與客觀的問題

儘管舒慈同意韋伯所強調的社會科學之重心爲社會行動的研究，也同意社會行動研究的途徑就是前述的「瞭悟」——了解別人的主觀意思，但他卻認爲韋氏對「瞭悟法」，在其運用時沒有將分析層次界定淸楚，而導致誤解與混淆。本質上瞭悟法並不是科學層面上的方法，而是日常生活中，共享同一文化情境者的經驗形式。這是一種常識性的闡述（commonsense interpretation）。這種常識性的闡述與科學的闡述（scientific interpretation），雖不在同一層次上，也有相當密切的關係。換句話說，意義的主觀闡述主要的乃是把常識世界在基本上加以類型化（typification）。在庸言庸行的生活中，人們一直在進行「瞭悟」。但嚴格地說，「瞭悟」有數種不同的層次：(1)或以普通常識的經驗形式出現；(2)或視為認知論的問題來看待；(3)或當成社會科學的特殊方法來使用（Schütz 1962, I: 56）。此外，舒氏又批評韋伯對「主觀意思」概念沒有交代清楚。由於沒有交代清楚，因而削弱了「瞭悟社會學」的根基。也就是說，韋伯所稱述的社會行動是牽涉到別人主觀意思；但別人的主觀、或觀察者的主觀意思何謂也？卻未曾言明（*ibid*., 15ff.）。再說，主觀意思一旦成為研究社會行動的基本概念，那麼，以標榜「客觀」為主的社會「科學」，何以能夠明瞭人群行動的「主觀」意思？這也就是社會科學中客觀與主觀所扮演的角色衝突之處。既然人群行動本質上具有主觀性質，吾人又如何能夠客觀地理解？

關於此，韋伯雖然提出了「理念類型」（Idealtypus）來試圖解釋，俾為社會科學的客觀性尋求妥當的根據，但舒氏卻懷疑「理念類型」（idealtypus）是否能夠燭照個人的主觀意思。根據韋伯所稱：「理念類型係或自一個或自數個觀點（Gesichtspunkte）單方面的提昇或強調（einseitige Steigerung），以及經由一連串渙散、且毫無關連的觀念現象（Einzelerscheinungen）之凝集。此類觀念圖象，乃附加於被強調的觀點之上，由之形成統一的思想現象（Gedankengebilde）。這種思想圖象的概念上之單純性，是無法在現實中找到的，它只是烏托邦而已。歷史性的研究工作之課題，厥爲在每一個別的事件中，確立這種理念類型與事實之間，或大或小的距離。例如：某一城市須具有怎樣的經濟特質，方可稱爲『城市經濟』。」云云之類（Weber 1973: 191; 洪鎌德 1997b: 186-190）。然而吾人如何可以由於「城市經濟」這一理念類型去瞭解在這種經濟體制下人群的內心活動及其價值觀？

此外，尙有一個問題亟待釐淸，亦即社會行動中，行動起訖的時間。因爲行動一旦成爲瞭悟的分析單位，此一行動起訖的範圍，應予界定淸楚。例如當我們觀察某人正在從事某些形體上的動作之際，我們發覺他手按門把轉動把手，跟著房門就霍然而開。在這一場合，作爲一位觀察者，我們企圖瞭解他這個舉止的意義。我們或許認爲他正在開門；但是他可能是一個鎖匠，正檢驗門上把手是否做得牢固；他也可能是一演員，正在演出開門的這個動作；或者他正在藉著緊握門上把手，試驗其腕力的大小。由上面這一舉例，我們可以有一個疑問：究竟我們應該注視現象多久，才能下達結論——「我們已觀察了這個動作」——呢？因此，如果我們要眞正明瞭他這個動作的意義，最好能夠親自跑過去問他一下。但是，這一質問，便改變了我們的身份——由冷眼旁觀者，變成一個尋求意義與提出問題的參與者。此一被我們質問的人，也許回答我們：他根本不知道自己剛才在做什麼，他幾乎未曾意識到剛才手按在門上把手的動作意謂何在。這麼一說，我們設若沒有發問，簡直不知他的動作之眞意——無意識的舉動。

由是可知，在人際關係的探究中，不加介入，不做參與，也就無法獲知動作者的主觀意思。可是，如果我們變成了參與者，豈不喪失了我們的客觀性？然則，不做參與者，而只做旁觀者，我們又未能洞悉內情，也就無從把握社會科學的目標——探取行動的主觀意義。於是，客觀要求與主觀意義之獲致，成爲一種進退維谷、左右爲難的困境。換言之，爲了瞭解某一行動的主觀意義，我們是否瞭解其動機呢？何謂「動機」？動機是不是潛藏在動作背後，受環境制約的因素，還是動作者本身獲自體質遺傳的因素？或者是我們把行動者進行此行動時，心中的計畫，當作動機來看待（Walsh xviii）？

舒慈將上述問題——求證於韋伯的社會學基本概念，卻發現後者無法提供一個圓滿的解釋。顯然一般人向來所謂的動作云云，不過是由外在加以機械式的界定或估量，而認定動作只是被賦予主觀意義的行動歷程。由於吾人要爲某一行動勾劃其範圍之前，必須先行設定其意義，故社會科學的對象與方法之陳述，基本上仰賴有關行動本質方面徹底的哲學性考察（Walsh xix）。

社會行動的本質——主觀意義之探求

顯然，社會科學的陳述，若持之有故，言之成理，必須先考察社會行動的本質。社會行動的本質無他，可以藉意義來加以界定者。蓋行動是個人親自體會的經驗，而此一經驗，係受個人意向所導引，且為主體自發的活動。此一活動異於其他活動之處，在於受到主體的特別留意。要之，在於含有主觀的意義。於此，我們應討論舒慈平生所致力思索的第二大問題，亦即社會行動特質為何的問題。

關於此一問題，舒氏一面仰賴胡塞爾的現象學，另一方面應用柏格森（Henri Bergson 1859-1941）的「持續」（*durée*）——內心對時間的意義——之觀點，企圖解釋人們意識流當中親身經歷的經驗之意義，這不啻是對意義做了一番窮本探源的功夫。何謂意義？舒氏認為把經驗看作含有意義是錯誤的，因為意義並不存在於經驗表面。只有當人們反省地檢討經驗時，經驗才會充滿意義。因此「經驗乃是自我（ego）注視經驗之道。意義存在於自我對待業已成為過去的部份之意識的態度」（Schütz *op. cit.*, 69）❻。舒氏認為只有在經驗深層之中，才能找到意義之所在，而此一經驗深層只能藉反省憬悟之力而接近之。此處可謂為意義的瞭悟之源泉。

當人們的經驗正在累積的過程當中，人們不易去捕捉它，更遑論去檢討它、反省它。必待事情業已發生，且已成為過去——事過境遷——之後，吾人才會藉回憶、反省之助，將此一經歷過的事情構成我們經驗的一環。因此當人們恍然於面向（Zuwendung）某一樁親身經歷過的事情之際，這樁事情便成為我們的經驗，且此一經驗也在恍然憬悟的瞬間取得其意義。

這麼一說，好像意義都是由於人們回顧過去，才能由經驗、反省中獲取。舒氏認為此一說法不只是見木不見林，更不無偏差之嫌。固然大部分的意義都產自經驗的反省回顧，但也有一部份是由於前瞻遠矚而獲致的。原來我們的行動（Handeln）之本質中，就包含往前眺望，對未來期待與想像的因素。因此行動云云，乃是指向未來目標，決意求其實現的行動。

一項行動會導致吾人決意去求取實現，必有其過去存在的理由。在這種說法之下，行動取向——亦即行動的目標之設定——必須包含未來與過去兩者。舒氏遂借用拉丁語文文法的「未來完成式」（*modo futuri exacti*）來說明他的理念。人們的言行舉止，都受著對行動在未來即將完成後的結果之預期所左右。行動者的這項行動，雖尚未展開，或雖然業已開始，而卻尚未結束，但在他的心目中早已存著一幅事情完成後的景象。由是可知，行動有其雙重性，一方面是業已完成的舉止言行，另一方面卻是想像中未來完成後的舉止言行。關於後者，舒氏借用存在主義大師海德格（Martin Heidegger 1889- 1976）的用詞，稱之爲「策劃」（Entwurf）。

舒氏說：「首先，一項策劃係在一樁具有意向的舉動中勾畫出來。其次，策劃有賴行動而付諸實現。其結果乃爲動作或稱是一樁完成的事情。動作本身便是『意義關連』（或『意義系絡』Sinnzusammenhang），其原因是業已完成的動作，方才能夠給意向的行動與完成的行動，一個整體或關連」（Schütz *op. cit.,* 59）。我們也可以這樣說，策劃乃是意義的複合或意義的關連。在此種意義關連下，正在進行中的動作之任何一個階段，皆含有其旨趣。

不過人們很少考慮到個別行動或行動的每一個階段之目的，而毋寧是較常考察整個個別行動之目的。整個行動之目的可稱爲「因由動機」（Um-xu-Motiv，也可以譯成「爲了某一目的之動機」）。與「因由動機」完全不同的是「緣故動機」（Weil-Motiv）（*ibid.*, 75 -76）。「緣故動機」用來描述業已發生的事件之原因，這是藉反省、回顧、分析而獲取。反之，「因由動機」則是指涉尙未完成的動作，或正在進行中的動作，並爲其未來結果之展望或期待尋找解釋原因之動機（*ibid.*, 86-96）。例如我們現在出門，爲的是訪問某甲，如果我們要爲現實的舉動——出門——找一個理由，那麼訪問某甲便成爲我們的「因由動機」了。反之，如果我們昨天出門了，是爲了訪問某甲的緣故，那麼昨天出門這一動作之動機，便有賴訪問某甲這一業已完成的事實作爲「緣故動機」，來加以解釋。

舒慈還進一步討論了瞭解別人的方式，亦即論述互爲主觀的瞭悟之基礎。舒氏認爲吾人一旦相信別人的自我（*alter ego*）之存在，便可以知道與認識別人的經歷。換句話說，亦即擁有「瞭悟別人」（Fremdverstehen）之能力。不過，舒氏又把眞正瞭悟別人與對別人的思想言行之觀感截然分開。後者只是把別人所思、所言、所行，由自我的解釋（Selbstauslegung）來加以比擬對照，算不上是眞知正識。前者則是對別人的眞知正識，這是由察言觀色而達到推心置腹、洞徹肺腑的地步。原來吾人把握別人的內心生活，係由其聲音容貌、表情姿勢等「表述舉動」（Ausdruckshandlung）而獲得聲息交通與水乳交融。此外，人際的交通，也可藉書信、言語、符號（文字與聲響）而獲得。要之，無論是「表述舉動」，還是語文符號，都有賴理解者（吾人）與被理解者（別人）之間的設身處地，將心比心，藉著心智交流的同時性（Gleichzeitigkeit）來獲致。這時別人的意識流與吾人的意識流，不啻在同一時間下並駕齊驅。這便是人際關係建立的基礎，也是吾人所以能夠瞭解別人之原因所在。在此意義下，對「別人的瞭悟」（Fremdverstehen），無非對別人行動之主觀意義的眞正認識（*ibid.*, 127ff.）❼。

社會界之建構

如果我們把紛然雜陳的社會現象，以及由這種龐雜的現象所構成的世界，當成社會界（soziale Welt; Sozialwelt）來看待，那麼，要瞭解社會界，就要如同韋伯所主張的一樣先要去瞭解行動。舒慈把社會行動界定爲涉及別人的意識流，而包含「因由動機」的行動。任何行動的動機，如果不是用來瞭解別人，便是企圖去影響別人。如果行動者彼此具有同樣的意向，又能聲息相通，社會關係便告建立。

社會關係約略可分爲三類：第一類是社會關係建立者（或簡稱爲社會關係人，亦即人與別人、或人群與別的人群等），彼此僅止於相互觀察（冷眼旁觀）的程度；第二類，社會關係人某甲，企圖影響社會關係人某乙，而某乙卻只當個冷眼旁觀者；第三類的社會關係則是由社會關係人雙方互動，直接打交道而建立的。此外我們還可以指出第四類來：某甲冷眼旁觀某乙，而某乙毫不知情。嚴格地說，第四類只能算是社會觀察，而不是眞正的社會關係（Walsh xxiii）。

舒氏認爲吾人在社會關係中所獲取的社會經驗，累積而成爲社會界（Sozialwelt）。社會界係由各種的人際關係、知識、意象等繁複混雜的網路組成。這些社會網路之存在，不啻是社會實在（soziale Wirklichkeit）的呈現。凡人們日常生活中接觸得到，亦即直接體驗到的社會實在，就是我們的週遭世界（Umwelt）。週遭世界是由吾人與吾人直接關連的人物構成的。凡吾人無法與之直接來往，或直接認識的社會界，便稱爲間接世界。間接世界又可分爲三類：第一類爲「同時世界」（Mitwelt），這是指同時並存於現世，但卻無交往、無聯繫的人群；第二類爲「先前世界」（Vorwelt），係指現在活著的人類之前的祖先或早期的人們；第三類爲「後來世界」（Folgewelt），也即指我們死後的子孫及後人而言。除第二類與第三類之外，第一類的「同時世界」之構成份子，有可能成爲我們認識與交往的對象，也有可能成爲週遭世界的成員。

吾人與別人相處的關係，端視別人究屬何種世界而定。如爲朝夕相處或時常見面的親友熟人，亦即對待「週遭世界」的成員，則不難發展爲「吾儕」（Wirbeziehung）之關係。但對於「同時世界」的成員，我們的態度若親善時是爲「爾輩」（Dueinstellung），否則即爲「彼輩」（Ihrbeziehung）。凡被吾人視爲「吾儕」者之行動，我們目睹其狀、耳聞其聲，自然能夠觀察入微，瞭解透徹。至於「先前世界」與「後來世界」之成員，我們的觀察或模糊不清、或猜測不準，其瞭解認識只能及於膚淺的表面而已（Schütz *op. cit.*, 139ff. ）。

吾人對別人的性格或行動之分類——把他們形塑成某些抽象的類型，便是理念類型產生的原因。理念類型之出現，不在於吾人由模糊不清的前科學（vorwissenschaftlich）之揣測，發展到符合科學的分門別類之際，而是由於將直接體驗的具體事實，轉而提昇爲間接體會的社會經驗。例如早晚見面的同僚，爲一活生生的具體人物，吾人知之甚稔，自然不必爲其設定某種理念類型。反之，與我們沒有發生直接關係的公共汽車售票員、辦公室人員、大學教授、美國國會、英國文官制度、德文文法等等抽象事物，與我們無直接的來往，也無直接利害關係；然而，他（它）們的存在，卻不容我們隨便加以否認或懷疑。於是，這類事物（人與事）便能夠在我們的心目中，逐漸產生出理念類型來。這些理念類型所代表的人物或事件，都遠離個人的關連。對我們的主觀意義而言，這類的人或物，不過是一些抽象的概念而已。這些抽象的概念所代表的事物，幾乎是無可名狀（anonym）的。亦即愈具體的事物，愈可名狀，愈抽象的事物，愈難以名狀。我們離具體的、直接的經歷愈遠，愈具有抽象的無可名狀的性質（Anonymität）。其結果，客觀的意義關連（或意義系絡）雖然大增，但主觀的意義關連（或意義系絡）卻大減。

社會科學乃是徹頭徹尾有關我們現實世界或先前世界的人與事之知識；它不是涉及你我週遭世界，面對面而又認識清楚的人或物。科學的本源與基本圖式，是科學命題的表達圖式。科學解釋的闡述圖式，主要是使用形式邏輯，因此科學無異爲客觀的意義關連（或稱客觀的意義系絡 Sinnzusammenhang）。至於社會科學，舒慈稱之爲「也是由客觀的意義關連（或系絡）建構而成。這些客觀的意義關連（或系絡），係由一般性主觀的意義關連或特殊主觀的意義關連建構而成。因此，每一社會科學的問題，可以濃縮爲下面一個問句：「就主觀的意義關連方面而言，科學何以能夠成立？」（Wie sind Wissenschaften von subjektiven Sinnzusammenhang überhaupt möglich?）（*ibid.,* 223）。

這一疑問的解答，正如舒慈所指出，是仰賴人們在日常生活中將同時世界與先前世界的人與物，加以抽象化、概念化，並掌握其主觀的意義關連。在此解析下，打開社會科學寶庫的鑰匙，便是韋伯所強調的「理念類型」。

結論與評估

在今日歐美社會科學界，仍瀰漫一片實證主義的氣氛，而共產國家又以馬列思想的歷史唯物論，來解釋所有社會現象之時，舒慈的「社會現象論」之提出（或說是重新發現、再度評價），實在是一件極爲可喜之事。特別是當代英、美學界對社會科學的哲學基礎之檢討不甚瞭解或瞭解不深，其結果導致社會科學特質之爭論，僅止於膚淺的方法論論戰。誠如德國當今著名的社會學家哈伯馬斯（Jürgen Habermas 1929- ）所指陳的：「當作超越現行的科學之認知（Erkennen）一概念如果捨棄，則有關認知之批判，便要淪爲科學理論或方法論」（Habermas 1968: 12; 1972: 4）。這意思是指自從康德（Immanuel Kant）以來，有關科學的哲學論證，不再成爲歐陸或英、美思潮的主流。人們不再留意社會科學知識的大根大本，而以實證主義、經驗主義、行動主義、分析學派等理論，講求科學方法的瑣碎枝節。認知的批判一旦不加聞問，社會科學的本質問題，便成爲科學理論或科學方法論（Methodologie）的問題了。

這種情勢一直到胡塞爾倡導現象學之後，才有根本上的改變。胡氏主張從根做起，企圖替人類的知識奠立穩固的基礎。舒氏援引胡氏之現象學，闡述韋伯晦澀艱深的社會行動概念，並傾其一生精力，爲社會科學尋求哲學的論證根據（Luckmann 12-13）。可是社會學的哲學基礎之獲致，卻有一個先決條件，那就是社會實在的建構之精確分析。因爲「社會實在」係社會科學的研究對象之故，欲分析社會實在的建構，我們便要探究「前科學的」——尚未經過科學洗禮的——日常經驗。這些日常經驗存在於人們的社會行動之中。要分析社會實在的建構，就得憑藉一條可靠的捷徑，這條捷徑，乃是建構性的現象學（Konstitutive Phänomenogie）所使用的方法。至於社會科學的概念和理論，對其研究對象——社會實在——之所以能夠扯上關係，正是由於學者對日常生活界的建構，知所描寫，知所分析的緣故（*ibid.*, 18-19）。

在此一概括說明下，舒慈遂檢討由於主觀與客觀的意義所滋生的問題，進而指陳人際相互瞭解的關鍵所在，以及社會界如何建立與分類，社會科學具有何種特質等等極為玄奧微妙的問題。他的努力可以澄清社會科學的概念，以及方法與理論之形成等諸般問題，指出社會科學之特性，強調社會科學對人類行動意義之掌握。他的方法及理論與實證主義者、行動主義者，乃至語言分析學派的主張大相逕庭。因此舒氏的學說，可以視為對過去，乃至當今盛行於歐美的實證的、行動的、分析的社會科學之反動與修正。顯然，人們雖具有生物形體，但人是有意識的，人的行動除表面可被視察的行動之外，尚有內在的意識活動。人的行動，既然對行動者具有主觀意義的特質，則社會科學研究的對象，絕不像實證主義者、行動主義者或分析學派所主張，侷限於外在可被觀察的行動，而應包括內在的意向。再說，在社會現象的分析中，不能只賴因果法則的尋覓，而應掌握動態的社會過程中人類行動的意義（高承恕 27-33）。

舒慈顯然是想要由我們日常生活的庸言庸行中，以及一般的常識判斷中，發現人們群居共處的道理。他使用的方法雖由淺入深、由簡入繁，但脫離不了印歐語系所造成文化與生活方式的影響。例如他使用了「過去完成式」（*modo plusquamperfecti*）與「未來完成式」，來指陳人類的「緣故動機」與「因由動機」。這些都表現了拉丁語文，或日耳曼語文的色彩。這種時式的觀念似乎只與印歐語系有關，而與東方語文，如華文、日文、韓文、越文等而言，難以相提並論，從而影響東方人對舒慈的理解，這點不能不說是舒慈學說美中不足之處。

再說哈伯馬斯，他認爲舒慈及其同派學人過度強調意識的現象性事實（phänomenologische Tatsachen），在今日也嫌太落伍了。任何一位現象學家要描述與解釋現象之時，都由其本身的生活界之經驗出發。個人在生活界的經驗是一種分殊現象，如何集個別分殊現象而爲一普遍整體的現象，只有仰賴溝通（Kommunikation）一途。是故人們只有在系統地參與（systematisches Mitspielen）當中，才會學得溝通的規則。亦即溝通規則的習得，不是像舒慈所言的透過現象學的看法（phänomenologische Anschauung）而已（Habermas 1971: 206 , 214-215）。

正如同舒氏門人那坦森（Maurice Natanson）所指出，舒氏在哲學上的地位，在於爲社會科學研究者指明：選擇模型宜特別謹慎，而自然科學的模型是不適用於社會科學的理論建構。舒氏認爲社會科學與自然科學不僅有程度上的不同，更重要的還是性質上的差異。自然科學考察的對象，乃是第一度的建構體（constructs），爲觀察者選取的學科中之對象，而社會科學研究的對象，則爲第二度的建構體。原因是社會科學家所構想的思維對象（thought objects）乃是牽涉到人們日常生活常識性的思想，並立基於日常生活常識性的思想之上。這無異爲思想建構的建構體（constructs of constructs），是即爲第二度建構體（Schütz 1962, I: 5ff.）。此一建構體，不僅本身處於考察的世界中（in the world），甚至另具一世界（have a world）。作為社會科學者之任務，在於理解日常生活所形成的世界——生活界。藉著現象學的方法，我們可以研究生活界之基本結構，此一世界之關係以及意義。要之，現象學提供社會科學一種嶄新建構社會實在的手段。再者，學者一旦使用瞭悟法，以及意義的主觀闡述方法，便可以獲致有效的知識（Natanson 1968: 73-74）。由是可知舒慈對於當代社會科學理論的建構與方法的刷新，實有其不可磨滅的貢獻。

【註釋】

❶舒氏原名為Alfred Schütz，旅美後改用Alfred Schutz，其生涯可參考Maurice Natanson 1968: 72-74, 1970a; George Walsh xiii-xiv; Thomas Luckmann 7-23.

❷Alfred Schutz, 1967, *The Phenomenology of the Social World,* translated by George Walsh and Friedrich Lehner, with an introduction by George Walsh, Northwestern University Press; 1972, London and Edinburgh: Heinemann Educational Books Ltd., 以下引用舒氏觀點，除另行誌明之外，主要用此一版本（Schutz, *op. cit.*），並附頁數。此一譯本，並非完善，其誤譯之處相當多，請參考Egon Bittner之書評。書評刊於*American Sociological Review,* Vol. 33, No. 4, August 1968, pp. 639-641，至於原文德文方面之用字遣詞則予保留，俾存原意。

❸Alfred Schutz, *Collected Papers,* 1962, Vol. 1: *The Problem of*

Social Reality, ed. Maurice Natanson; 1964, Vol. II: *Studies in Social Theory,* ed. Arvid Brodersen; 1966, Vol. III: *Studies of Phenomenological Philosophy,* ed. Ilse Schutz, introd. Aron Gurwitsch, The Hague; Nijhoff。另有其學生Helmut R. Wagner所編著舒氏書文之精粹，題爲1970, *Alfred Schutz on Phenomenology and Social Relations: Selected Writings,* Chicago: University of Chicago Press.

❹Alfred Schutz, 1970, *The Problem of Relevance,* edited With an introduction by Richard M. Zaner. New Haven: Yale University Press; 1971, *Das Problem der Relevanz,* übersetezt von Alexander von Baeyer, mit einer Einleitung von Thomas Luckmann, Frankfurt am Main: Suhrkamp Verlag.

❺Alfred Schutz und Thomas Luckmann, 1974, *Stukturen der Lebenswelt,* Neuwied a.R. und Berlin: Luchterhand Verlag；英譯本1973, *The Structures of the Life-World,* tr. Richard M. Zaner and H. Tristram Engelhard, Jr., Northwestern University Press; 1974, London and Edinburgh: Heinemann Education Book Ltd.

❻此處舒氏將意義的分析，視爲時間過程中經歷過的經驗，顯然是企圖把胡塞爾的「時間意識」（Zeitbewusstein）與柏格森的「持續」會合爲一。但這兩種不同觀點的匯合，卻顯露破綻，終而削弱了舒氏有關意義分析的論據。關於此點參考Peritore 138-140.

❼不過舒慈有關別人的自我之一般論題（〝general thesis of the *alter ego*〞）亦即互爲主觀（intersubjective）的認知問題，卻遭到後人的非難。蓋它與現象論嚴密與客觀之要求相左，因而喪失了它作

爲社會科學基礎的適宜性。參考Peritore, *ibid.*, 132 -135 and 138ff.

第二章　杜赫尼論集體社會行動

前言

在當前活躍的思想家和社會學理論家當中，堪稱譽滿全球，而受到美國學界特別推崇，同時又兼具歐美教學與研究經驗的學人，眞是屈指可數。比較爲人所知的要數德國法蘭克福學派（the Frankfurt school）第二代傑出代表的哈伯馬斯，連臺灣和香港的思想界對他的盛名和學說也都耳熟能詳。但另一位歐陸的哲人杜赫尼（Alain Touraine）的聲名，則在東亞比較陌生，儘管他在歐陸與南北美聲譽卓著，備受讚賞，被視爲當代西方社會學新學派的開山祖師。

本章之撰述在把杜赫尼學說的精華，簡單地介紹給台、港、澳、星、中國大陸等地華文世界的讀者理解。

我們將杜赫尼與哈伯馬斯相提並論是有其原因的，儘管後者在英語世界似乎比前者更爲著名。那就是這兩位年齡相近的歐洲哲人都企圖對當代西方資本主義社會作出廣泛的分析。此外，他們所採用的方法可以通稱是「批判性」（critical），而且兩人也應用了古典與現代（例如帕森思、米德〔George Herbert Mead〕、舒慈與梅爾頓〔Robert K. Merton〕）的社會學理論，去幫助他們對現代社會的解析。在某種程度上，杜赫尼比哈伯馬斯還有更大的雄心。其原因是哈氏致力發展出一套理論，冀望其終究能夠成爲一項完整的硏究計畫。反之，杜赫尼卻演繹一種硏究的方法，來解釋他所提出的理論，並把它應用到他所選定的題目——社會運動——分析之上（Scott 30-31）。

杜赫尼的法文著作在1980年代逐漸有系統地被譯成英文，而引起英美社會學界的矚目。他的學說勢必對當代社會學的樣貌與發展產生重大的衝擊。特別是在西方思想界捲起「後現代」（post-modernity）熱潮的今天，任何的新詮釋都離不開杜氏的觀點，由此可知他的學說在當代思潮中佔有關鍵性的地位。

杜赫尼的生平與著作

杜赫尼的全名爲Alain Louis Jules François Touraine，父名Albert Touraine，母名爲Odette Cleret。他已婚，育有子女各一。1925年8月3日出生於法國Calvajos省的Hermanville-sur-Mer，一個歷代懸壺濟世的醫生家裡。他曾在巴黎念中學（Lycee Louis-le- Grand），然後進入法國最著名的大學——巴黎高等師院——就讀。在通過該校的教師資格考試（agrēation）之後，杜赫尼原本可以進入學院擔任教職。但自主個性特別強的他在不理會父母的勸告之下，居然在成年之前，獨自前往法國北方小鎮的煤炭礦坑進行開礦的苦勞操作。這大概是要嚐試一下勞工艱險的生活滋味。這一體力勞動的經驗促使他其後選擇了社會作爲終身研究的對象，也就與社會學結下了不解之緣。

1950年杜氏進入法國國家科學研究中心，接受社會學家傅利曼（Georges Friedmann）的教導，並利用學習的餘暇，到巴黎雷諾汽車廠實習，而於1955年將其學習心得的報告整理出版（*L'Evolution du travail ouvrier aux usines Renault*）。

1952年杜赫尼赴美深造，在結構功能主義大師帕森思與工業社會學拓路者兼經驗方法論者拉查斯費爾德（Paul Lazarsfeld）的指導下，吸收美國主流派社會學理論與方法學。他曾一度執教於加拿大蒙特利爾大學。1960年起，則在社會科學高等學府（Ecole de Hautes Etudes en Sciences Sociales）擔任教職，並兼任該校社會運動研究中心主任。

1965年他的著作《行動的社會學》（*Sociologie de l'action*）出版，係針對帕森思的社會體系之理論加以批評。1966年至1969年間杜氏轉爲巴黎—南特大學的教授，創立並主編《勞動社會學》（*Sociologie du travail*），後被選爲世界性社會學組織——國際社會學會——副會長。

據其學生傅萊貝（J.W. Freiberg）的憶述，杜赫尼在1969年執教於洛杉磯加州大學分校一學期。之前曾在智利的聖地牙哥大學也講學了半年。杜氏教學認眞，對學生的啓發良多。他對學生的批評也能夠坦然接受，適時修正其觀點。至於杜氏何以在1969年分別執教於南、北美洲呢？顯然是受到1968年巴黎五月風暴——學潮——衝擊的結果。他自認爲介入學潮極深，卻眼見五月風暴驟起驟落。令他無比感慨的是看見學生的狂激行動（activism）；也看到號稱左派之法國共產黨的袖手旁觀，不肯助學生一臂之力；更看出戴高樂派鎭壓學潮的反動面目。在這一狂飆的日子裡，他被學生視爲保守，被同事視爲偏激，幾乎像豬八戒照鏡子一般，兩面不是人。爲此他暫時離開令人心碎的故鄉巴黎，遠走聖地牙哥與洛杉磯，過著一年自我流放（a self-imposed exile）的海外漂泊，爲的是重新檢討這一連串的事件對他以及其同代人的意義（Touraine 1977：xi）。

1969年他出版了《後工業社會》（*Sociéeté post-industrielle*），其觀點大異於寫作同一書名的美國社會學家貝爾（Daniel Bell）的看法。雖然兩人同樣強調第二次世界大戰之後，西方社會生產與再生產的社會過程有了重大的改變，包括科技的應用、公共領域的擴展、大衆教育、大衆消費現象的出現，但兩人仍有不同的理論取向。貝爾認爲後工業社會將走上意識形態的終結之途，辯論的方式將取代辯證的方式指引吾人去改善人群的物質生活；杜赫尼則強調在後工業社會中新的社會階級衝突、新的意識形態仍將層出不窮，吾人只有更細膩地運用辯證法才能理解這些新情勢下突現的因素。

《後工業社會》一書的英譯本在1971年出版，副標題已加上《明日的社會歷史：程式化社會的階級、衝突和文化》。1974年杜赫尼撰寫一篇〈迎向行動的社會學〉，發表於紀登士（Anthony Giddens）主編的《實證主義和社會學》一書中。1981年討論社會運動的專書《聲音和眼睛：社會運動的分析》出版。在此書中作者強調社會既非一個有機體，也非一座機器。社會的形成是爭取權力、勢力、權威的行動者之社會關係不斷改變交織的結果。杜赫尼指出了分析社會行動、特別是社會運動的工具，俾社會得以再生和維持不墜，也得以轉變。他這裡所指的研析工具乃是「社會學干涉」的方式；他曾經應用此一方式去研究學潮、反核試運動以及分析法國民族至上運動等等❶。

1983年以杜赫尼為首的兩個研究團隊，分別把研究法國的反核運動，以及波蘭的團結工會運動之結果公諸於世。此兩本書分別為《反核抗議：法國反對核能運動》，以及《團結工會——波蘭1980-81年社會運動之分析》。

1984年杜氏利用他提出的「社會學干涉」的研究方法前往巴黎、洛林、里昂等工廠地區進行實際調查，並與兩名助理（Michel Wieviorka and François Dubet）合撰《工人運動》一書，分析工會組織、階級意識和新工人階級。

1987年杜赫尼出版《行動者之回歸——後工業社會的社會理論》。1989年於《第十一條提綱》雜誌上發表〈社會學仍舊在研究社會嗎？〉一文。1989至90年杜氏成為歐洲研究院（Academia Europea）防阻科技危險學院的成員，並自1980年後擔任社會學干涉研究中心主任迄今。杜氏最近的著作則為法文《現代性之批判》（*Critique de la modernité*）。由上所述，足見杜氏文思之充沛和著作之豐富，這點與哈伯馬斯是不相上下，無分軒輊的。

杜赫尼社會研究的目標與學說大要

杜赫尼的研究目的可以分成三部份：(1)建構一套有異於結構功能主義的社會行動理論，該項理論的方法學基礎並非個人主義（methodological individualism），而毋寧為集體的社會行動；(2)描述和勾畫現代社會——特別是所謂的後工業社會——的特徵；(3)指認和辨識社會轉型、社會變遷的施為者（agents）。這三項研究的目標無異於把古典馬克思主義（Marxism）的精神與旨趣——不只認識社會實相，還要改變社會實相——搞活起來。杜氏有異於馬克思（Karl Marx）的做法為不再訴諸烏托邦的幻想，也不依賴形式的歷史主義，或依賴最終必然出現的決定論、宿命論，來剖析當代社會，和辨認社會自我更新與解放的力量（Scott 31）。

為達成上述目的，杜赫尼的學說集中在發展

1. 一套社會行動的理論；
2. 一套社會運動的理論；
3. 從工業社會轉變為後工業社會（所謂「被程式化的社會」〔programmed society〕）的歷史理論，以及後工業社會的社會學理論；
4. 一套所謂「社會學干涉」（sociological intervention）的研究方法與「現代性」（modernity）的探討。

社會行動的理論

有異於把社會看成是典章制度組合的結構，而強調社會乃為生成變動的過程，是社會行動理論者的一般主張，其主旨在視社會係由行動者（actors）所組合的人類組織。在這種以行動者對抗結構的想法當中，杜赫尼建構了他社會理論的基礎。在他看來，社會不能再被僵硬地理解為一個充滿盎然生機、類似人體器官的有機體，也不能視為各種功能相互調配合力運作的整體。同樣地，吾人不能再認為社會本質上只是想要一再重現再生，延長其生命的組織。原因是這樣看待社會，是無法解釋社會何以會變遷，也無法對在變遷中的社會裡居於主導角色的社會行動和社會運動有所定位。

杜氏雖然強調社會是由居於該社會之中的衆多成員之行動交織而成，但並沒有忽視社會原來的樣貌、傳統、特性——一言以蔽之，也就是社會的原來結構——對行動者之行為的影響作用。顯然，社會並非只是不相干的、散漫的社會行動與事件積聚而成。為了使社會能夠再生，社會行動對既存的社會結構會產生新的作用、新的衝擊，這就表示社會行動隨時都在挑戰原有的建制（既有的典章制度），隨時都在對應既存的文化型態。在這種意義下，社會行動可以視為社會最主要的形塑和建構的力量。

對杜赫尼而言，社會無非是社會行動，他說：「社會秩序不須超越社會的保證（metasocial warrant）來維持其存在」（Touraine 1973; 1977: 2），所謂「超越社會的」或譯爲「後設社會的」，就是強調社會之外的神意、人性需要、自然法則等等因素，作爲說明社會和社會秩序存在的支撐力量或緣由。就像涂爾幹（Emile Durkheim）強調社會學是對社會的研究一般，杜赫尼也不放棄使用「社會」這一概念。唯一不同之處是涂氏視社會爲一個有機體，是一個力求平衡（equilibrium）的發展物；反之，杜氏認爲社會是一個會自我轉變的體系。在80年代初，杜氏質問所有社會學理論工作者，在堅持對社會進行研究時是否對社會行動與社會的概念有清楚的掌握。答案可能是否定的，原因是必須把社會理解爲變動不居、隨時轉型的行動體系來看待。換言之，應學習自然科學對開放的體系之研究態度，以發展的眼光來看待處於變遷中的社會（Touraine 1989: 5-34）。

爲了解釋他對社會行動與社會運動（多數人有目標的社會行動之匯合與組織化、實踐化的群體行動）的看法，杜赫尼甚至把構成社會不可或缺的基本概念之階級，加以解構與重建。在他心目中，無所謂的自在階級（class-in-itself）與自爲階級（class-for-itself）之分，只有階級意識的存在而已（Touraine 1981: 68）。他幾乎把階級等同於社會運動（Touraine 1989: 19）。

杜赫尼這種的理論觀點粗看起來有點近似象徵互動論（symbolic interactionism）之主張，而大異於受到馬克思主義影響的歐陸傳統性社會理論。但不同於象徵互動論者，則爲杜氏認爲構成社會的行動者並非個人，而爲集體（collectivities），也就是社會運動者。用他的話說：「在具體的說法裡，在功能分析中居於主要角色的社會體系概念，已在行動分析中由社會運動這個概念所取代」（Touraine 1974: 82）。

在韋伯或艾爾斯特（Jon Elster）等採用方法學上的個人主義，來解釋社會上個人如何依靠理性進行選擇時，杜赫尼的集體行動者模型，卻強調社會行動是受到既存規範與以往傳統的指引。他說：

> 行動乃是指行動者的行為而言。這一行為受著文化導向（cultural orientations）的指引，這一行為也是處在社會關係的脈絡裡。至於社會關係是受到文化導向的社會控制不均等之關連所界定的（Touraine 1981: 61）。

上面這一段引語最主要的字眼是「社會控制」和「文化導向」兩詞。因之，杜氏所謂的社會不過是社會的場域（social field），提供給集體的行動者較量的所在，這些以集體的形式結合的行動者，在認識到共同的利益和共同的文化導向之下，各顯神通，以個人不同的能力、不平等的地位進行競爭，目的在取得社會規範的控制權，蓋社會規範可能主控，也可能影響到這些競爭的遊戲規則之故。

這裡杜氏顯然認爲：造成社會紛擾爭奪的龐雜群體所以會你爭我奪奔競鬥狠，是因爲離不開一個共同的取向。提出文化導向的概念，主要在駁斥馬克思把社會當成兩個主要階級之間的零和對決，也在批評霍布士（Thomas Hobbes）對社會秩序解決的方法——締結契約來結束社會紛爭。

換言之，杜氏以為社會鬥爭產生於社會與文化場域裡，在該場域中發生競爭或衝突的社群，不但有共同的社會場所，也有共同的規範與價值。這些共同的文化導向因素（規範、價值），造成該社會在歷史變遷上所具有的特質，不但有異於其他社會，也有異於同一社會發展中不同階段的性質與樣貌。這個發生在時空脈絡上的人群之爭議和衝突便是杜氏所使用的「歷史性」（historicity）。

歷史性是指社會作為知識的發明者、作為文化投資者、作為秩序維護者、作為新變遷的情勢之適應者那種適應的能力。換言之，社會有能力再生社會，延長社會的生命，能夠為它本身的存活賦予意義，能夠為本身產生社會的與文化的場域，能夠為本身提供歷史的環境，這就是社會的歷史性（Touraine 1977: 15-60）。

此外，歷史性也可以看成為一個社會一般的文化形式和社會生活的結構，是某一特定歷史觀點、社會知識與技術的水平、生活的模式和階級的關係之總和。

杜氏這個行動理論，使他與結構主義者徹底分家，蓋後者主張行動者不過是社會關係的「擔負者」（載體 bearers, Träger）而已。前者則視行動者不但是社會關係的產生者，也會再度去產生新的社會關係。由於社會行動的創造性，社會才會生生不息，不斷綿延。對於歷史過程的潛在控制之可能性也才會存在於社會裡。

社會運動的理論

前面我們提及杜赫尼認為應把階級的分析，改為社會行動、乃至社會運動的分析，其理由是階級只觸及一些既存的條件，但既存的條件無以說明社會何以有宰制、統治的一方，又有屈從、降服的另一方，因此只有用社會運動才能當成社會學的解釋範疇來說明這種統屬與主從的關係。

爲了解釋何爲社會運動，杜氏先分析社會衝突的三種方式：

(1)保護性的集體行動，只要求改善不合理的情況；(2)爲了改正決策的不當，而採取的社會鬥爭；(3)改變社會大環境的社會運動。爲了說明這三種社會衝突的不同，杜赫尼便以工廠中工人的行動來加以闡釋：(1)工人要求同工同酬。在同一工作場所裡，同樣資格者獲得不同的待遇，是工人無法忍受的，於是他們採取保護性的措施要求工廠廢除歧視與不平。(2)假使工人進一步要求參與廠方的決策，便是一種社會鬥爭。(3)如果爲了更改廠裡權力結構，甚至要求整個社會改變社會秩序，則可以說是工人進行了社會運動（Touraine 1984: 5-15）。

一般而言，一個社會運動是主動的，而非反應的力量，這點有異於集體行爲，蓋後者是一種保護性、反應性的動作。社會運動是爲了控制「歷史性」而進行的鬥爭。如果說「社會」一詞表示社會的統合、凝聚的話，那麼社會運動剛好相反，意涵反對社會統合、亦即挑戰目前既存社會秩序的反對行動。這個對現存社會統合的挑戰並不等於使社會陷入危機，或社會組織面臨崩潰，而只是社會的一種變遷。由於社會運動所造成的社會變遷並非「病態的」

（pathological）或是「負功能的」（dysfunctional）。因之，社會運動的社會學是大大有異於古典社會學的變遷說。後者把社會視爲一個有機體，從一個狀態演變爲另一種狀態，例如視西方社會是從傳統邁向現代這種緩慢而又逐漸的演進過程。

杜赫尼不但反對馬克思的階級說，還說「社會階級不過是社會運動進行時的稱呼而已」（*ibid.*, 9）。彼此競爭和衝突的集體行動所追求的目標就是如何來控制住「歷史性」。社會運動就是這種鬥爭的表現。杜氏視1968年五月風暴的學潮爲一個眞實的社會運動，是社會的特殊群體（學生）的行動，也是爲了控制社會的改變而發動的。他進一步說明：「社會運動是階級行動者有組織的集體行爲，藉著對抗階級敵人，俾在具體的社群中贏得對歷史性的社會控制」（Touraine 1981: 77）。

在兩個社群的對抗中，一方（保守勢力）企圖凍結歷史性，把它物化爲社會組織；另一方（進步勢力）則企圖把社會組織轉變成歷史性。這種社群的對抗既不牽涉社會的結構，也不牽涉社會的變遷過程，而是穩定和改變的兩股勢力之間的爭衡。

另外，他還以婦女解放運動來解說社會運動，原因是女性運動旨在改變人們對婦女的性別歧視與差別待遇，是一種文化生活和社會生活的規範與價值之改變運動。如果婦女解放運動成功，那麼男人必然會處理家務，女人也會走出廚房，進入社會。婦女解放運動不牽涉任何政黨的政綱，而是跨越黨派、不受政治主導或牽涉的社會行動，這就是說政治歸政治、社會歸社會，是一個典型的社會運動。

社會運動的出現剛好同階層化以及上下主從關係的消失同時發生。這並不是說社會已進入完全平等的時機，而是說西方的工業社會已出現大量的中產階級，它有意介入公共事務，而降低那些阻止社會昇遷的柵欄。一旦階層化和以階級爲基礎的社會逐漸消失之後，那麼妨礙人類行動的外在條件，像馬克思所言的下層建築對上層建築的制約，也會跟著消失。

後工業社會的理論

自從1969年杜氏出版了他的《後工業社會》一書以來，他對後工業社會的理論雖然屢加修改、增補，而使其更爲精緻，但基本上的分析仍屬一貫。他自稱對後工業社會的特徵已有描繪勾勒，那是指過去以製造業爲生產基礎的工業社會，轉變爲今日以資訊爲生產基礎的後工業社會。過去的生產方式可說是以勞動生產力爲主，今日則以知識爲基礎。對知識和資訊的壟斷（而非像過去對生產資料的壟斷）成爲社會不平等的源泉。民間社會逐漸屈服於「技術官僚的國家」（technocratic state）之下，個人不再以階級成員感受社會的壓迫，而是以公民（公衆一份子）的身份受到官僚的統制。社會運動的重心轉向民間社會，人民不再向國家爭回權利，而是致力於保護社會不致屈服於官僚統治之下，甚至冀望能夠發展出另外一種的生活型態（life-style）。社會的衝突比較不集中在生產部門或國家的部門，反而出現在文化的層次之上（Scott 1991:

36）。這些改變所造成的影響既深且廣，特別是影響到社會場域中社會關係的實質。在諸多影響中，莫過於對階級的衝擊，特別是對階級權力來源與涵義的作用，大得令人無法忽視。他說：

兩大階級或兩大社群主要對立的原因，並非一方擁有財富或私產，他方未曾擁有。對立係起因於優勢〔統治〕階級擁有知識和控制訊息（Touraine 1971: 61）。

這是對馬克思主義重大的修正。換言之，杜氏放棄了勞動價值論，不再認爲創造價值的是勞動力（勞心與勞力）。意涵重大的社會衝突並不發生在生產者與所有者之間，而是發生在擁有情報的技術官僚和經理人才以及不知情報與資訊爲何物的一般大衆之間。於是作爲後工業被程式化的社會裡，那些過去發生在商工社會裡頭的衝突都逐漸制度化與形式化了（Touraine 1981: 11）。

在此情形下，過去的工人運動勢必轉變爲新社會運動才能在後工業社會中發生改變實狀的更生力量。原來西方的工人運動一向寄生於工會、社會民主政黨和壓力團體裡，如今就要仰賴一批覺醒的社會工作者（社會學者？）來對抗統治與壓迫。因之，社會衝突的來源有異，衝突的焦點也由生產部門和政治移向民間社會與文化。

新社會運動在反抗現代生產技術所造成的心理的兼文化的汙染，也是在反映現代技術生產造成的心理上、社會上、生態上的種種需求。要之，後工業社會的新社會運動在於排拒工業主義的價值觀，這種價值觀是資本主義和工人運動的基礎。換言之，必須排斥經濟成長的觀念與措施。以法國反核份子與法共成員的聚會爲例，杜赫尼指出：

這兩個群體〔反核份子與法共成員〕的行動顯示反核運動遠落在工人階級運動的意識形態之範疇的後頭。它表示了以共產黨為代表的對政治模式之拒絕，它卻也透露一個行動者〔法共〕企圖成為一個社會運動，有意對社會進行激烈的批判，可是這種努力卻暴露法共的無能與無奈（Touraine *et. al.* 1983a: 37）。

要之，在後工業社會裡，社會鬥爭的轉變之特徵，爲比較不在意權力的取得，而更關心怎樣在統治的優勢的社會中創造一個嶄新的生活型態，以及怎樣保衛民間社會不致屈服於國家，也不致屈服於技術官僚的控制之下。因之，杜赫尼可謂爲新社會運動的旗手，以文化批判來喚醒人群免於遭受後工業社會情報資訊主控者的荼毒。詳言之，他要求反抗者不再只關注經濟大餅如何擴大與分食，不再僅措意於分配的公正與否，而要考慮如何提出另一種生活型態和改善生活素質。在這裡他強調新社會運動應與國家保持距離，也要同舊社會運動有所分別，不要老是在經濟的領域或政治的領域浪費鬥爭的資源與精力。要之，杜赫尼擔心「現化性」（modernity）對民間社會自主精神的威脅，這就是何以很多談「後現代」（post-modernity）的人，要參考他的學說的原因❷。

社會學干涉的研究法與「現代性」的探討

前面我們已提及：杜赫尼認爲後工業社會特徵之一爲行動決定條件，亦即人們不再被動地受到社會結構的制約，而是主動地去改變現狀。在這種行動、或社會運動掛帥，而又能改變社會實相的今天，研究行動與運動是社會學者當務之急。但社會學家須認識清楚，要掌握當代社會運動的眞義，若非涉足運動本身則無法接觸到社會運動的熾熱面。社會行動必須由行動的內部鑽出來，探索行動的內蘊，才有可能全面理解其意義。

在《聲音和眼睛：社會運動的分析》（法文1978，英文1981）一書中，杜氏指出：

> 社會學的主要問題便是把那些〔社會〕關係帶到外表能見之處，而非把社會實踐的範疇再度虛晃一招如法泡製。這就為社會學家的積極介入或干涉提供前提。他的任務是把隱藏在認可的和組織好的實踐網路之後的社會關係掀開來……假使人們同意社會關係飽受秩序和統制的包圍覆蓋，那麼研究者便要設身處地去體會行動的秩序，何種的統制是籠罩著這些社會關係……研究者不再強調這些行動形式的重點或其背後支撐的意識形態，而在發掘埋在其〔形式與意識形態〕下面的社會關係，俾能完整地把它呈現出來（Touraine 1981: 139-140）。

要發現社會關係的眞相，要了解其行動者，就必然會發現其背後的秩序，其技術面的、行政面的、道德面的範疇，其利益之處，和其文化導向的所在。在此情形之下，所謂的「社會學干涉」的定義是「社會學家的行動，其目的在揭開社會關係的面紗，把社會關係化作社會學家分析的主要對象」（*ibid.*, 140）。他又說：「我們不能滿足於單單研究行動和思想而已；我們必須面對社會運動本身才行」（*ibid.*, 142）。研究者不能只以觀察員或參與觀察員的身份面對他所研究的對象，而是以一位質詢者、交談者（interlocutor）、和積極份子（activist）的身份出現。

社會學家在進行參與性的觀察與研究介入時，切忌把行動者的意識形態全盤接受；剛好相反，杜赫尼希望把這研究的目的倒轉過來，要社會學家對行動者「改信」（conversion）。那就是說社會學家首先要去除意識形態的想法，然後嘗試去改變行動者的信仰、堅持。這就是要把研究者與行動者糾合在一起，而設法尋找在一個社會運動中行動者（例如雇主與員工）的衝突的最大意義所在。

研究者在社會運動中身兼積極份子與分析者雙重身份，有時難免陷入角色混淆的困境裡，如何在兩者之間取得一個平衡，也是杜氏所關心的。因爲研究者如介入太深變成偏激者，則無疑貶身爲某一群體的應聲蟲。所以研究者隨時要有戒心，他對社會運動有所虧欠，他對學術理論也有所虧欠。「社群分析的範疇與行動者有牽連，但社會學家卻是把他的觀察轉化爲社會行動理論的範疇。」（*ibid.*, 143 -144）這兩者的分辨不可不知。

比起米爾士（C. Wright Mills 1916-1962）「抽象的經驗主義」來，杜赫尼這個參與研究法，較爲吸引人，它至少承認社會科學的知識有異於自然科學的知識。舉個例子來說明，存在於社會科學的訊息數據與社會行動之間的反饋（feedback），被杜氏當作一種嚴格意義下實證主義的「問題」來看待，可以視爲社會學研究正面的作用。同樣地，行動者的知識不是解釋的素材，而是社會學解釋所產生的知識之一部份。

杜赫尼近年間又重新思考「現代性」這個主題，並於1992年出版《現代性的批判》一書。關於現代性的定義，自從啓蒙運動以來談的人很多，其中笛卡爾（Ren'e Decartes）的觀點向來便受重視。杜氏也理解現代性主要的取向便是世俗化，並排除各種討論彼岸的、天堂的、終極的事物（finality）。

當然談到現代性，必然涉及進步的問題，那麼進步是否無止境，進步會不會導致歷史的終結，都是思想家認眞思考的問題，由於工具理性（Zweck-rationalität）爲韋伯所提出，也是現代性的一個特徵，這個工具理性在現代社會居於主流的地位，遂使很多人懷疑現代社會涉及歷史的終結之研討。換言之，工具理性也可以視爲手段目標的理性，已有逐漸把工具價值化（valorization）的趨勢，亦即把科技、科學、邏輯這些知識手段轉化爲人類追求的目的。

值得注意的是儘管現代工具理性居於主導地位，但啓蒙運動以來另外一些價值，像合理（reason）、自由、普世原則（universalism）、進步的觀念仍舊根深蒂固存在於現代人的心靈之中。此外，個人、個體，也具體化爲公民，變做現代政治生活和社會行動的主體，而加給現代一個醒目的歷史烙印。

法蘭克福學派和傅柯（Michel Foucault）早期的作品的出現，乃至「後現代」思潮的降臨，造成工具理性與普世理性感受壓力，也使主體、意識形態和終極價值面臨挑戰。於是現代性便產生一些它亟欲排除的壓力。與現代性牽連的工具理性被看做在把生活庸俗化（banalization）；主體也被視爲是意識形態的產品，或是某些特定見解的產品，這些意識形態或見解卻是逐漸被淘汰，或在消失當中。

對於這些批評，杜赫尼認爲並不正確。原因是批評者不曾理解現代性本身有所分裂：現代性是「自我批判的」，也是「自我毀滅的」。尼采和佛洛伊德的作品就是這種自我批判與自我毀滅的明證。他們兩人的著作被引用爲對現代性的批評，就是後現代的作品也可以視爲對現代性的批評。

法蘭克福學派的主張也被杜赫尼視爲對現代性的批判，儘管對他而言，這個學派未免太貴族化、太精英化。法蘭克福學派以普世的理性來抨擊當代的科技理性。不過這種抨擊常常會造成「以全蓋偏」的毛病，亦即以總體的名義削減部份的特性。他說：

我們〔西方〕社會的缺失，不是因為目標的消失（這些目標是遭受技術手段的內在邏輯所摧毀）；剛好相反，而是由於理性模型的解體，亦即被現代性本身所支解，也是被行動邏輯的分開發展所支解。蓋這些行動邏輯不再牽連到理性，而改為對享樂、社會地位、利潤或權力的追求（Touraine 1992: 125-126）。

在對佛洛依德（Sigmund Freud）、尼采（Friedrich Nietzsche）和傅柯等人的學說重加闡釋之後，杜氏發現了世界重新回歸魔咒（re-enchantment）的可能步驟，原因是上述三名哲人所提出對現代性的批判是無從答覆的，因爲他們所批判的不再是主體，而是「自我」——受社會所神化的主體。這個主體並非以集體多數的面目出現，而是以一個單一的、純粹的自我出現。這個自我的行動者無法化約爲一連串行動、或象徵符號的持有者。爲了使活動的主體能夠再度重生，杜赫尼反對把社會學當成一門化約的科學。社會學者應透過社會學發掘主體，使主體有改變現狀以及改變本身的能力。蓋主體應該是在意識中能夠統一各種慾望和需求，而非化約爲社會總體中之各種面相、各種片段。

要之，杜氏希望重新把主體引進社會行動與社會運動中，好讓主體成爲行動的決定者，以取代馬克思心目中的無產階級。另外在政治上藉著對信仰的動員，以及道德問題與個人問題的聯繫，增強主體對事物的決斷能力，而避免勞動場所或政黨領導升高爭執的場域。一切更新的努力在提高人類的希望，俾產生新的社會形態和造成人群的和樂融合。

結論與評估

從上面的析述不難理解，杜赫尼社會思想的深刻、理論的精闢、規模的壯大、剖析的犀利。更重要的是他與哈伯馬斯相同，表面上以研究現代社會為主旨，但事實上卻涉及哲學的思維、文化人類學和社會心理學的理論，特別是精神分析的知識，更牽連到歷史學、政治學、經濟學等所有人文學科與社會科學的核心科目，這就是何以他的學說這麼龐雜，他的體系這麼浩大的原因。

更可貴的是他不但吸收歐陸傳統的、古典的哲學、社會學、政治學、經濟學、人類學的精華，他還深受本世紀初葉以來新大陸最進步的經驗性社會科學的洗禮。至於南美解放神學與新馬克思主義（Neo-Marxism）的思潮對他的衝擊影響之大，在其著述中到處都可以見到。

杜赫尼最大的貢獻則是把他發明的「社會學干涉」的研究法直接應用於歐陸的學潮、反核與工會運動、民族主義運動的剖析之上，而有驚人的成績呈現給世人。這點是他優於哈伯馬斯，而真正達到理論與實踐合一的所在。

當然他龐大的社會理論體系與方法學上的瑕疵與矛盾，也在所難免。史考特（Alan Scott）在對他的學說加以精研省思之後就指出幾點，值得我們在此轉述（Scott 32, 36-43）。

杜氏理論的矛盾是他的社會行動論主要建立在批評功能論的基礎之上，不料在討論後工業社會時，其使用的模型卻是隱含唯史主義（historicism）和目的論

(teleology),因而仍舊是使用傳統的研究方法,亦即功能性的解析,這就是一大矛盾。此外,他使用的「社會學干涉」研究法,也同他的「新社會運動」處於緊張的狀態,此即顯示這一方法尚無法圓滿地融合於社會運動之內。至於強調社會科學研究法有異於自然科學的研究法,可以說是自從上世紀末和本世紀初以來,德國精神科學(Geisteswissenschaften)之爭辯的引伸,也成爲批判理論者所津津樂道的主題,杜氏重新予以發揮,也有其貢獻之處。

杜氏對現代性的嶄新詮釋有助於掃除後現代經驗中悲觀厭世的陰霾。另外把能動和主動的主體與被動和受動的自我分開,無異還給行動者更多的活動與自由的空間。比較令人困惑的是吾人如何把規範化的自我,轉化爲主動與能動的主體,這個轉化過程,或稱社會運動,其後頭所潛藏的原理原則要怎樣來發現、挑出,才能使現代人免於受到既有社會結構、生存條件、文化導向的束縛呢?杜赫尼的理論給我們提供的是一個新的反思之基礎呢?還是另一種的物質條件呢(Lechte 1994: 199)?這些都是值得吾人深思的問題。

【註釋】

❶參考本章p.37 社會學干涉的研究法與「現代性」的探討之說明。

❷John Lechte卻把杜赫尼的理論歸類爲「後馬克思主義」(post-Marxism),參考Lechte 1994: 195-200.

第三章　卜地峨的反思社會學

前言

自從孟德斯鳩（Charles-Lousis Montesquieu）、聖西蒙（Comte de Saint-Simon）、孔德（Auguste Comte）、托克維爾（Alexis Tocqueville）等使用社會分析的方法，從事實證的社會研究以來，法國成爲社會學的發源地，尤其是在社會學理論的建構方面，涂爾幹的作品標誌著法國社會學發展的高峰。

正當英美以經驗研究，特別是梅爾頓之「中程理論」（middle-range theory）來取代或超越歐陸（法、德、奧）的「大理論」（grand theory）之際，法國社會學卻保留了哲學思想的社會學傳統，企圖在普遍理論之外，營構「超（後設）理論」（meta-theory）❶。換言之，傳統的法國社會學是透過科學的研究方法，試圖解開社會一般運作（the general functioning of society）之謎。一言以蔽之，法國社會學研究之目的在產生「社會之理論」（a theory of society）。此點是上承涂爾幹，而與美國的帕森思之社會理論相契合。法國社會學的專業化可說是遲至1960年代以後才出現，這些20世紀後半以來的法國社會學家都擁有這種哲學的背景，而沒有輕易忘記社會學創始者追求社會的認知之精神（Cibois 725）。

當代的法國社會學家除了秉承古典社會學探索社會的理論之外，大多數都受到社會人類學、文化人類學、民族學、民俗學、田野調查的訓練，因之，擁有深刻的人類學背景。這點與早期英國社會學較爲相似，而與當代美國主流社會學頗爲不同。

第二次世界大戰結束後的法國社會學，充滿著濃厚的左翼思潮，特別是馬克思主義的思想，其代表人物爲沙特（Jean-Paul Sartre）的存在主義、梅樓·篷第（Merleau-Ponty）的現象學和阿圖舍（Louis Althusser）的結構主義。與此種左派觀點完全迥異的則爲亞宏（Raymond Aron 1905-1983）的看法。他不認爲馬克思主義是一種社會科學。因之，在他有關工業社會的十八個演講中，強調韋伯對現代社會分析之理論貢獻。曾任巴黎大學索波恩校區社會學講座教授長達十三年之久的亞宏，其後又長期把持法蘭西學院（College de France）社會學講坐，可視爲戰後法國社會學界炙手可熱的敎父級人物，儘管他反對馬克思主義的立場，備受左翼知識分子與激進學生的抨擊。

在亞宏1983年逝世前後，有資格繼承他衣缽，亦即在法蘭西學院社會學講座的學人，至少有三位：布東（Raymond Boudon 1934- ）、卜地峨（Pierre Bourdieu 1930- ）和杜赫尼（Alain Touraine 1935- ）。法國當代社會學界這三劍客經過一番較勁之後，卜地峨終於脫穎而出，獲得列維·史陀（Claude Levi-Strauss）和亞宏一脈相承的法國社會學界權勢最崇隆的領導地位。本章旨在介紹卜地峨的社會哲學與社會的「超理論」之大要。

卜地峨的生平與著作

卜地峨原名爲Pierre Félix Bourdieu，1930年4月1日出生於法國東南庇利牛斯省（Basse-Pyrenées）的一個小鎮Denguin，其父Albert Bourdieu爲該鎮政府機構的一名小吏（un fonctionnaire）。其母名爲Noémie Duhau。由於出生之地爲農村，因之，自小與農民和土地熟悉，這有助於他日後在阿爾及利亞從事Kabyle農民生活的調查和研究工作。卜氏日後著作的英譯者奈斯（Richard Nice），對卜氏出身農村，卻抨擊都市生活，看作一種神話，亦即「村童對抗城市文明」的神話。另一方面卜氏由布衣而躍升爲法國社會學界的祭酒，可以說是「小市民階級份子成功的故事」之典例（Harker *et. al.*：26）。

卜氏中學時就讀於省城Lycée de Pau與巴黎Lycée-Louis-le- Grand et Faculté des lettres de Paris，大學則在法國精英搖籃的巴黎高等師範學院（École normale supérieure），得到哲學教師資格文憑（Agrégé de philosophie）。

畢業後，卜氏先到鄉下中學（Lycée de Moulins）擔任教職（1955）。其後（1956）赴阿爾及利亞法國軍團服兵役兩年。這兩年的戎馬生涯，使他由一名哲學家轉變爲人類學家，再轉變爲社會學家。原因是服兵役的日子裡，他得以認識阿爾及利亞人民與駐留當地的法國人之困境。

對於法國知識分子不瞭解法屬北非殖民地的慘狀，他深覺困惑與慚愧。尤其是法國殖民主義者對阿爾及利亞發動的戰爭，令卜氏非常憤慨。1958年卜氏處女作《阿爾及利亞的社會學》出版。他坦承這是一項外行人膚淺的嘗試，書中有描述，卻沒有分析。1958年至60年他在阿爾及利亞大學文學院擔任兩年的助教。旋於1960年返回巴黎大學文學院，也是任助教，不過卻在法蘭西學院列維·史陀的人類學講座研討班出入，並任巴黎人類博物館民族學講師職。

1962年11月，卜氏與Mille Marie-Claire Brizard女士結婚，育有三子。在里爾大學擔任三年的教職之後，1964年返回法京任巴黎高等研究實踐學院（École pratique des hautes études）研究部主任，這是一個巴黎學術界的權力中心，成爲他日後學術生涯高陞的階梯。原因是他利用這個機構凝聚了一批優秀的研究者作爲積極從事調查、研究、出版的團隊。他在三十多歲的中年便儼然成爲巴黎學界的龍頭（patron）之一，並在1968年創立了歐洲社會學研究中心（Centre de Sociologie Européenne），自任主任迄今。該中心發行之《社會科學研究彙編》（*Actes de la recherche en sciences sociales*），是一份熔冶文字、圖像、攝影於一爐，嶄新並富有創思的學誌。其中與卜氏合作的學人，包括Luc Boltanski, Jean-Claude Chamboredon, Rosine Christin, Alain Darbel, Monique de St. Martin, Jean-Claude Passeron, Dominique Schnapper與Loic J.D. Wacquant等人。

表面上，這批研究團隊的產品是集體的貢獻，而以卜地峨列名在前頭。事實上，這些研究的推動力和主要的理念是來自於卜氏，這就是拜他學界龍頭的地位之賜。他這樣描述他的研究夥伴：

> 我看到這個研究隊伍與別人的隊伍相比，的確是一個小的團隊。而且與我合作的人都非常謙卑。我們隊伍中的一些人認為本隊伍的優勢在於大家認真工作，而所求不多。他們之所為，在很多傲慢者的眼中是不屑去做，〔但〕這點卻是很重要的（Harker *et. al.*: 50）。

1981年亞宏在決定退休之際，他遺留下來的衣缽之繼承問題，引起法國學界嚴重的關切。經過一番角逐，卜氏被聘任並接受法蘭西學院社會學講座（1982）。同時，他也不放棄歐洲社會研究中心主任這個高職。

卜氏及其合作者繁雜的著作❷，將列在本書參考文獻裡頭，這裡不再贅述。倒是想利用這個機會指出其著作的特色，包括他離不開傳統的哲學思維與使用文字和表述方式的晦澀艱深這兩點。

儘管卜氏是一位社會學家，或稱是一名文化人類學家（抑或社會人類學家），他著作的內容仍舊與哲學有密切的關連。因之，他應該也可以被視爲法國當代的哲學家。

他一直爲著一些哲學的基本問題而深感著迷，這些問題包括心靈、行動體（agency）、人身（personhood）、主體性、客體等等。這些問題的哲學思維，提供他演繹出一些理論或超理論，然後應用於零散的經驗性研究之上，最後企圖把理論和實踐加以統一整合。當其他社會學家認眞研發各種經驗性研究技術之際，卜氏卻大談方法學（methodology），甚至探索人群如何捕捉社會實相（social reality）的認識論（epistemology）。這已是近乎哲學家探討世界的態度。不過因爲他集中在現世和現實的探究之上，使得他與一般哲學家那種不食人間煙火的作風大異其趣。也顯示他揚棄哲學無所不知、無所不包、統而化之的雄心。

換言之，他的學說並不再思索諸如「生命的意義」之類的大問題。反之，卻在探查這些大問題爲何提出，其提出的可能性基礎在哪裡？這些對生命的意義等等問題的考察在現實操作下，怎樣呈現爲一種的社會現象。

要瞭解法國社會理論，首先必須認識法國的知識場域（intellectual fields）。所謂知識場域包括該理論出現之前的思想背景、文獻源流、文化實狀等等（Lemert 645-669; Brubaker 746）。

卜氏念大學的時候（1951），乃是史達林主義高漲的時代。他在巴黎高等師院就讀時，便與友人（包括德希達〔Jacques Derrida〕在內）合組保衛自由委員會，俾對抗共黨教條主義的壓迫，但這個行動卻被校方誤認爲共產黨小組活動，而引起一些困擾。其實，他不但反對左派教條主義，也反對右派的保守主義，尤其是教育機關及教育制度的僵化與菁英主義；他也斥責法國左派對阿爾及利亞戰爭之無知。他所反對的還包括自視甚高、只懂自我欣賞的巴黎學界和知識界。總之，作爲法國知識份子之一的卜氏，所反對的竟然是他所出身、他所擁有、他所佔據的法國高等教育之體制，以及巴黎的文化建制和學術風格。他反對沙特的存在主義現象學，也反對列維•史陀的文化人類學與結構主義，而存在主義、結構主義等卻構成了他知識場域的一部份。

談到卜氏指涉範圍極廣、題目衆多的作品時，人們最感頭痛的就是他的文字艱深和表述晦澀。誠如英國鵝湖學院（University College of Swansea）高級講師甄金士（Richard Jenkins）所指出：

〔卜氏的〕獨特語法、全新字彙、配合著經常的複述、包括各種次類語句和插句所組成的冗長句子，再加上複雜無比的圖表和視覺上的設計，使讀者（不管是大學生、研究生、還是專職社會科學家）在解讀其作品時，發現面臨一樁艱困與令人害怕的苦差事（Jenkins 9）。

卜地峨所以使用這種怪異的語文來從事著述，據其自稱乃是他「對付日常語文的恆常拼鬥」（Bourdieu 1988: 149）。可是對一般讀者而言，要費盡很多的時間與力氣才能解讀其作品，這未免是歐陸學者知識傲慢的表現了。

知識場域與學術淵源

閱讀卜氏的作品之後，吾人很快會明白，他所碰到的問題，和企圖加以解決的方法，都與當代法國知識場域有關，亦即同前代與同代學者所研討的問題，以及法國特殊的文化背景與社會理論的傳統有關。這種知識的場域或脈絡大約有兩項。

首先是戰後法國知識界列維·史陀與沙特兩大學派的對峙與競爭。卜氏出生於1930年，其思想逐漸形成的年代是中學轉往大學的青年時期，剛好是列維·史陀的成名作《親屬的基本結構》出版之時（1949）。他曾經加入列維·史陀在法蘭西學院的研究班，再加上閱讀後者這本著作，使他及其同代的學生，感受著異樣的知識興奮，而產生了對科學的熱情和從事學術工作的決心。另一方面沙特的存在主義對個人主體性與選擇的重視，也使青年人感受到個人與社會關係密切，促成個人投入政治，以改變現世的不公不平。

列維·史陀與沙特的學說提供了兩種截然不同的社會生活之研究方法。前者研究的主要對象為社會的結構、社會對個人的外在控制和束縛；後者則力主個人的創造力、自由與自決。這兩種學說剛好給主修哲學的卜地峨視為客觀主義對抗主觀主義。這種主客觀的對立，可以看作社會思想有史以來爭論不休的議題，也是阻礙適當社會理論建立的絆脚石。卜地峨的學說可以看作是企圖超越這兩個敵對的思想模式，棄絕其糟粕而保留其精華的努力（Bourdieu 1980: 8）。

其次，為古典社會學大師的著作。這包括馬克思、涂爾幹和韋伯的學說。由於卜氏經常關懷階級、再生產等主題，加上他對現存制度採取嚴厲批評的態度，遂造成很多人誤會他是馬克思主義者。然而，法國的馬克思主義者卻普遍認為卜氏應該算是一位涂爾幹的信徒才對，蓋他過度地強調文化的統合作用之故。當然也有人以為卜氏的學說是企圖把馬克思和涂爾幹的觀念加以融合（DiMaggio 1461）。毫無疑問，卜氏的研究計畫之目標取自馬克思和涂爾幹，但其理論的實質，則淵源於韋伯。

卜氏吸收韋伯的概念架構，將其轉化爲他自己有關象徵性財貨（symbolic goods）與象徵性實踐（symbolic practices）的理論。韋伯曾強調特別的生活型態和榮譽感是構成社會身份階層之群體（status group）的主要特徵。卜氏由此而發展他關於「傑出」（distinction或譯爲「區別」）之理論。社會階級之所以傑出，之所以有所區別，而有異於其他階級，除了生存的物質條件優厚之外，還加上擁有象徵性的財貨和權力，這就造成其成員之生活型態有異於其他階級成員的生活型態。再者，韋伯的卡里斯馬（charisma）和合法性之概念，也被卜氏借用，而演展成象徵性權力與經濟權力以及政治權力之關係的理論。不只這幾種概念，連韋伯對理想財貨與理想利益的看法，也被卜氏發展爲「象徵性財貨的經濟」之理論（Bourdieu *et. al.* 1977: 171, 183）。

正如前述，涂爾幹提供給卜氏主要的是象徵性形式發生社會學（a genetic sociology of symbolic forms）的計畫而已，目的在解釋「思想、感知、欣賞和行動等架構的社會產生」之緣由。在卜氏《傑出》一書的結論中，他認爲「社會行動者的認知結構——亦即行動者在世上付諸實行的實用知識——乃是內化的、吸入人心『形體化』的社會結構」（Bourdieu 1984: 468）。卜氏也跟隨涂氏強調「集體表徵」和「原始分類」具有認知功能並具有社會功能。總之，卜氏有意恢復涂氏重建知識社會學與社會感知的理論。

從馬克思那裡，卜氏吸收了早期馬克思的學說，像〈費爾巴哈提綱〉和《德意志意識形態》。這兩項馬氏著作涉及把階級當成分析的重要單位；社會生活的生產與再生產中實踐活動之重要性；社會的存有決定意識等等。正是有關費爾巴哈（Ludwig Feuerbach）的第一提綱，成爲卜氏發展實踐的理論之活水源頭。不過卜氏與馬克思的關係，不在他企圖吸收後者的話題與觀點，而在於他存心要矯正馬克思只看重物質利益的偏頗。換言之，社會生活包括物質與精神兩個方面，只談物質財貨而忽略了象徵性的財貨，特別是精神範圍（宗教、語文、教育、藝術、意識形態，總結一句即文化），是一種缺陷。將後者從物質經濟學割裂開，無異是把文化的研究交付給「唯心主義者的符號學」（idealist semiology），是不足取的。

從上面的分析不難理解卜地峨的學說是企圖把韋伯的思想系統融於類似馬克思的模式裡頭。另一方面則藉涂爾幹對象徵性形式的關注，以及韋伯對象徵性權力和象徵性財貨的研究，來把馬克思的思想「主體化」。他心目中的社會界（social world）是建立在權力與威望（power and prestige）分殊的階級結構之上。爲了給這樣的社會界一個系統性的看法，卜地峨遂將古典社會學大師的觀點加以重建與融合（Brubaker 749）。

社會學說概略

主體與客體的對立

貫穿卜地峨複雜凌亂之作品的一條主軸，無疑地是如何把主體的個人與客體的社會之間的對抗或矛盾加以消除、加以化解。顯然，社會是由衆多的個人組合而成的體系，個人作爲社會成員，他怎樣去思言云爲、怎樣由內心而體驗其所處的外在社會界，這是一種主體意識的活動歷程；另一方面，社會好像是一個管制個人、提供個人生息活動的場域，也就是一個客體的存在。社會的存在與繁衍（再生產）完全是由其構成份子的個人所造就的。對卜氏而言，社會生活是建立在物質基礎之上，也是受到物質條件所制約的。不過物質條件要影響人們的行爲並非是直接的，而是藉著個人的信念、嗜好、傾向、和經驗加以中介的。社會生活是靠衆多個人的經驗與行動構成的，可是個人的經驗與行動卻早已被象徵性的事物（語言、風俗、宗教、藝術、文化等）所中介（吸收、內化）過，同時個人也生活在特定的物質生存條件下，他們的行動（包括象徵活動）取決於社會事實（行動前以及外在於行動的社會實相）。

主張人有主體性（像沙特的存在主義）的主體論者，忽視了社會事實對行動者的外在束縛，也忽視了每一主體是受到社會所形塑的。反之，客體論者（像列維・史陀的結構主義）卻忽視個人的經驗對社會實相的建構作用，忘記了實相是靠人們主觀的想像來建構的（reality of the representation）。這種主體觀與客體觀都只見到社會生活兩個側面之一，可謂爲片面的、偏頗的。卜氏便在理解這種主體與客體的兩分化，以及歷來社會思想家以主體的觀念和客體的限制，各自演展不同的社會理論這一事實下，想要化除主體觀點與客體觀點的分歧對立（subjectivist/objectivist dichotomy）。換言之，唯有明瞭物質與象徵兩種特性之間的關係，明白外在的、束縛的社會事實與個人內在經驗的、理解的行動的辯證互動關係之理論，才能掌握社會的實相。

事實上，客體的和主體的事物並非社會生活的「內涵」（dimensions）、也非其「側面」（aspects）、非其「元素」（elements）、非其「因素」（factors）。客體與主體是一副成對的概念，爲極端普遍與抽象的概念上之對立，彼此相反相成的詞謂。當賦予主體和客體特殊的意涵時，這兩個詞謂才不致造成對立，並導致無謂的爭論。

實踐、習性與場域

正如前述，卜地峨的社會學說之重心，就在揚棄主體論與客體論之偏頗。他不想再建構「大理論」來解釋個人與社會、主體與客體何者更爲重要。反之，他使用了「超理論」、或是一組「思想工具」（thinking tools），來指引他經驗性的研究工作。具體地說，藉著「實踐」（practice）、「習性」（*habitus*）和「場域」（field）這三件「思想工具」，他企圖建立有關社會實踐和有關社會的理論。

實踐

前面我們提到卜地峨對實踐、或社會實踐的觀念是得自馬克思關於〈費爾巴哈提綱〉的第一條：「所有的社會生活本質上就是實踐的。所有把理論導向神秘性的怪誕都可以迎刃而解，亦即把這些怪誕化解爲人類的實踐，以及化解爲對實踐的理解」（Marx 1845: 5）。這句馬克思的話，被卜氏奉爲圭臬，也鼓舞他去深思熟慮，藉研究的實踐，來建構他有關社會實踐的理論。換句話說，卜氏從馬克思這句話體悟到要瞭解某一事物，只有去做該事物（Bourdieu 1977a: 96-97）。

首先，卜地峨以爲實踐出現在空間，更重要的則是出現在時間裡頭。時間性成爲實踐自明的特徵：時間成爲社會互動的限制與資源。時間以及對時間的感受是受到社會所形塑的，是從自然界的循環不息，加上社會界的界定而成的。像日夜、四季、年代、世紀等的輪轉與區分，無一不是自然加上人爲的結果。由此而牽涉到人與社會的成長、繁衍、老化。因之，作爲看得見、客觀的、社會現象的實踐是無法在時空之外加以理解的。

其次，卜氏不認爲實踐是意識地、或至少是完全意識地加以組織或操縱的活動。實踐就像一件事情跟著其他事情出現那樣發生（happens），這是由於實踐的感覺或實踐的邏輯產生作用的緣故❸。

換言之，行動者在面臨境況時，他必須有所行動、有所反應、或有所實踐，但他面臨的這個境況卻非他所創造，而是他出生、成長時，便早已存在的情形。由於他生於斯、長於斯、學習於斯的境況，使他產生了對該境況的社會認同，並且也發展出一套「一個人在社會空間所佔據之地位的感覺」來。這種感受或感覺，使行動者無法對整個的社會實相完全認識，而只能粗略地理解「事情總有個來龍去脈」。因之，大多數人大部分的時間對他們自己、或對其周遭的存在，採取一種信以為眞、或逆來順受、或不加反思、不加改變的態度。

此外，實踐的邏輯，或實踐的感覺還有另外一層的特色，那就是它變遷不居，以及搖擺不定。儘管社會生活千奇百怪，變化多端，但社會生活的落實，卻沒有一定的規律、模式、偏方可以遵守、可以導引。其結果，社會實踐常是即興的、臨機應變的。所謂的即席表演（improvisation），乃是對時間的空檔、對休息的判斷、對猶豫不決之善加利用。

再其次，卜氏認為社會實踐雖無規則可循，卻可以發展一種策略，是故「發展策略」（strategising）乃成為他的另一種概念，這是指涉行動者既有特定目標，也有特定利益，因而懂得在其生活現實的經驗裡，安排其行動。這種策略性的實踐有異於「理性選擇」（rational choice）理論。蓋後者為社會學者幻想的產品，不可能成為常人社會生活的客觀分析。卜氏遂極力反對艾爾斯特（Jon Elster）理性選擇的理論。

習性

在強調社會實踐之際，卜地峨所關懷的是個人在其日常生活中究竟在做什麼？他既不認為社會生活為個人行動之累積，也不認為實踐只是個人決斷與社會結構互動的產品。他所以引用習性（*habitus*）這一概念，目的在調和個人與社會、個人決斷與社會限制這兩個極端，以及化解主體論與客體論這兩種不同的看法，而尋求折衷、溝通之道。

卜地峨使用拉丁文*habitus*，或希臘文*hexis*，來指陳與人的身體有關連的事物，亦即我們這裡所翻譯的習性❹。習性、嗜好、性向、慣習都是指涉身體習慣上或典型的條件、狀態、外觀而言（Bourdieu 1990b: 66-79）。卜氏說，習性是一種社會的感受，也是「經過培養的性向與處事的方式，早已刻劃進人身之上的身體的圖表（body schema）或思想的圖表中。這種性向使得行動者產生各種各樣的實踐，這些實踐在臨機應變、不斷創新的情形下，足以與挑戰和回應相配合，它不是一種儀式典型的反應之表現」（Bourdieu 1977a: 15）。他曾經以*habitus*來解釋三層意義：第一、習性出現在行動者的腦中（腦也是人身體的一部份）；第二、習性出現在行動者的實踐裡。換言之，就是行動者思言云為的方式；第三、習性也是個人分辨男女、上下、前後、冷熱基本對立物的「實踐之分類法」（practical taxonomy）（Jenkins 1992: 74-75）。

在人身體的性向、習性裡頭，我們發現了個人身份的特質和社會體系的特徵這兩者得以合而為一。因之，習性是中介個人的主觀世界與個人生於斯長於斯的文化世界之橋樑。習性是從經驗取得的，也是一種社會化的結果。它雖然也由學習而得，但大部分是造成慣性、屢試不爽，亦即潛移默化而產生的。

根據卜氏的說法，習性促使行動者去做某事，去爲行動者的實踐提供動力。實踐是由兩方勢力交織而成：一方面習性與做事的性向或處事態度（disposition）相結合。他方面也是暴露在社會場域、或市場所提供的機會或束縛之下。換言之，習性等於把行動者的主體性與外界的客體性融合在一起。

總之，卜氏有關習性的概念，其目的在強調行動者所求取、掌握，而具有獨特的性格之思想、行爲、品味的模式（patterns），這是聯繫社會結構與社會實踐不可或缺的橋樑。習性受著社會結構物的形塑（shaped），同時也受著社會實踐的管制（regulated）。這一概念提供一個可能的基礎，俾文化的途徑（cultural approach）能夠探索結構的不均等（structural inequality），而最後卻把研究焦點放在行動者（agency）的身上。

場域

卜氏以法文 *champ*，或英文field來表述行動者在社會的活動空間。這可以視爲行動者動用資源、爭取利益、展開鬥爭的所在。我們譯爲社會場域，簡稱場域。因之，根據卜氏的看法，社會是一個由彼此相對自主，但在結構上卻具有同樣源泉、同樣性質的場域所構成的。

行動者在場域裡所爭取的、動用的、消耗的，不僅有物質財貨，也有象徵財貨，或稱文化財貨。因之，場域的界定視追求之財貨不同，有時是文化財貨（例如資產階級的生活型態），有時是住宅（豪華宅第、精緻閣樓、深山茅屋），有時是智識與卓越（教育程度），有時是就業（退而不休、領乾薪的職位），有時是土地（社會上的地位），有時是權力（政治上的地位）等等。每個場域因內容之不同，各有其不同運作的邏輯和必要的與關鍵的結構，這些都是由習性的生產者（行動者）與生產品所形成的。因之，每一場域與特定的習性攸關。

一個場域事實上就是社會位置業已結構化的體系，爲個人或團體所佔據。場域的本質界定了個人或團體所處的情境。這不僅爲社會位置的體系，也是社會位置所滋生的社會力量（彼此較量）的體系。原因是社會位置有尊卑，由此產生對場域裡的資源、機會、權勢擁有之不等分配。要之，在場域裡的資源，可粗略分爲四種：經濟的、社會的、文化的和象徵的資本（Bourdieu 1991a: 229-231）。場域的存在是建立在一個假定的信念之上，即場域的佔據者（行動者）對存在於該場域中的各種（經濟、社會、文化、象徵的）資本分配之合法性加以承認，同樣地他們對這些資本（資源），也具有合法性的興趣與關懷（legitimate interest）。

原始社會存在有限數目的場域，今日技術精進、分工複雜、社會分殊明顯的工業社會則擁有極多的場域，它們都是「相對自主的社會微體」（social microcosms）。

場域的疆界並非一成不變，而是遷移不居，完全隨著該場域裡的行動者競爭、鬥爭的結果，而擴大或收縮。

卜氏利用場域的概念去進行社會研究，得出三種結論。第一，必須理解每一個社會場域與權力場域（政治）之間的關係，蓋後者爲全社會的支配力量，是安排社會上各種場域上下尊卑的指揮系統。第二，在所要研究的場域裡，應該找出該場域的結構，亦即各個社會據點的安排圖樣，以及各據點之間的關係，俾能顯示該場域的資源分配情況。第三，場域中佔據者（行動者）之習性宜加以分析，俾理解他們如何動用場域的資源與機會，以及受到場域結構的束縛與限制，而從事鬥爭的方式與追求勝利的策略。

場域是一種中介的脈絡，藉著它的存在將外頭的因素——多項變動的環境因素——帶給個人的實踐，也帶給團體的活動。場域的邏輯、政治和結構形成渠道，通過這些渠道，外頭發生的種種事情，變成了場域的發展過程或場域變遷的歷史。

卜氏認爲場域的結構或組織方式，以及它運作的情形，造成社會諸場域的同源性與同質性。其一爲每一場域都有支配者與被支配者之間爭取權勢與排斥他人的鬥爭，並成爲促使場域不斷綿延再生的機制。亦即每一場域皆由相似的習性與實踐之行動者組成；其二，由於優勢（政治）場域權力運作的結果，造成其他場域的屈服，同時也造成其他場域的大同小異。

我們在前面曾經提及場域裡的資源或資本一詞，的確，卜氏使用資本這個經濟學的概念，不過把它延伸擴大，企圖應用到社會生活的分析之上。特別是對社會的群體與階級的分析之上。

社會階級的分析

階級的定義

卜氏對當代法國所進行的階級結構、階級文化和階級繁衍（再生產）之研究，主要的是利用他所演繹的象徵權力、文化資本、習性、場域等超理論，來加以分析引證。由於他的著作之重心爲對階級、以及階級的繁衍的分析，以致很多英美學者誤認他爲新馬克思主義者。其實只要瞭解他對階級的定義，便可以看出他與馬克思的觀點大異其趣。

卜氏並不以生產關係或收入的來源來界定階級，而是以一般的社會關係。換言之，並非以對生產資料的擁有之不同，而界定某人的階級成分，而是以某人的生存條件、生活型態、具有（或沒有）上述場域裡的（經濟、社會、文化、象徵的）資本——一言以蔽之，權力與威望（power and prestige）——來界定他究竟隸屬於哪一個階級。

卜氏這個階級的觀念，與其說是接近馬克思，還不如說接近韋伯。原因是韋伯主張階級是以社會關係之特徵爲劃分標準的，而社會關係當中以市場關係最爲突出，是故韋伯認爲「階級的情境最終乃是市場的情境」。韋伯分辨階級與身份群體（status group）之不同，主要仰賴權力的聚集與使用之方式的不同。如果權力的獲得和行使只受市場規律——嚴格而言非關身份的規律——的約束，那麼它所形成的群體便是階級。反之，權力的累積與行使若是透過傳統的法律、或法制的規定，則形成的群體是爲身份群體。

在討論階級時，卜地峨基本上是接受韋伯的觀點。後者認爲，作爲階級特徵的權力和威望無法化約爲經濟上的優勢。此外，身份群體享有特殊的生活型態，這種生活型態的特殊化無法用經濟利益的斤斤計較來換取，這類身份群體藉培養的榮譽和卓越來使其特權合法化。這些都是韋伯的觀點，而由卜氏加以引用發揮。卜氏有異於韋伯之處爲：雖然承認權力對階級的形成產生建構的作用，但權力的分配與維持，卻是藉著階級的實踐達致的，至於階級的實踐卻受到其生存條件所制約，也被共同的條件所產生的處理態度所制約，他說：

作為客觀條件產品的生物性個人們，擁有共同的習性。社會階級（本身）是與同一或相似的生存條件所形成的階級分不開的。同時它也同由一群生物性的個人們所組成的階級分不開，他們擁有共同的習性，這些共同的習性就是指所有個人們共同的處事態度之體系而言（Bourdieu 1980: 100）。

換言之，造成階級的成因，除了共同的生存條件之外，還包括共同的習性與共同處事的態度。這兩項因素的合致才能產生階級。只看生存條件，亦即只憑馬克思所強調的對生產資料的擁有與否，不能構成階級；只討論韋伯所指陳在市場上權力的分配大小，也不足以構成階級。卜氏認爲必須把階級與習性合而爲一才能解釋社會現象，原因是習性（或處事態度）是直接控制人們行爲的。由於階級被卜氏界定爲具有共同習性或處事態度以及共同生存條件的個人群體，階級成爲所有行爲可資鑑識的原則。因之社會學的目的在決定「階級條件如何能夠把所有的社會主體之經驗加以建構化，置於結構之上」（Bourdieu 1979: 2）。

傑出階級的剖析

在《傑出》（*Distinction*，或譯《區分》，1984）一書中，卜氏討論了階級結構象徵性的部份，也討論當代法國的階級鬥爭。首先，他不認爲韋伯有必要把身份群體從階級中區隔出來，身份群體所依恃的是其「生活的型態化」（stylisation of life）：藉著特殊的生活型態來證明其有異於社會其他階層，但在卜氏眼中身份群體也是階級的一種，是統治或優勢階級，或稱傑出階級（distinction classes）。

傑出階級之特徵不在階級成員外在生活條件，如權勢和威望之擁有，而在於他們擁有共同的習性或共同的處事態度。卜氏進一步以四個層次來分析傑出階級：在最具體的層次上，他指出他們的消費態度、休閒活動，以及對藝術、食品、衣著、家庭佈置裝潢的品味，這些構成了他們的生活型態，例如教授們好做爬山運動。其次，討論同一階級裡頭的同一性、一致性、和階級與階級之間的生活型態之差異性，特別是涉及習性或業已內化的處事態度。例如小資產階級關心的是與他人的同形性（conformity），亦即對權威的追求，以及對行爲典範的追求。爲的是期待行爲的規則能夠規範整個的生活。在第三層次上，卜氏指出習性的不同是由於生存條件的歧異。地位愈高者離開現實生活的柴米油鹽愈遠，愈不受現實必需品的影響，也愈不關心他人或世界，這便是資產階級美學的態度。這點與勞工階級必須關懷日常必需品是截然相反的。第四層次上，顯示傑出階級成員所以不爲日常需要所困惱，主要是由於擁有經濟與象徵財貨以及經濟與文化資本的緣故。但擁有文化資本的知識分子與擁有經濟資本的銀行家，仍有其不同的生活形態，儘管兩者同樣隸屬於傑出階級。

要之，卜氏《傑出》一書，在於說明韋伯的身份群體究其實際還是階級，是支配階級或稱傑出階級。它的特色不僅在於表面的生活型態，還包括潛藏於生活型態背後的權力和威望，以及外在的生存條件（特別是文化）。

文化、語言與教育的批評

文化與文化品味

談到文化，卜地峨分辨主流文化與普通文化，前者以英文大寫C字（Culture）爲代表，是社會支配階級所界定的；後者則爲反映階級關係的實狀的小寫c字之文化（culture）。事實上文化與文化品味分不開，而文化品味主要的目的爲階級成員爭取社會對其擁有的社會地位（social status）之承認的手段。

卜氏的文化社會學乃是文化消費的社會學，亦即文化如何使用，文化範疇如何定位、如何維護的方法之社會學研討。它不大談文化生產的問題，唯一的例外，爲他涉及攝影的研究（例如攝影題材之選擇，時機的抓取，影像組合的典型規則等）。在1960年代中期，卜氏也曾著文討論知識的創造與藝術的創造等社會學的問題。他認爲存在於創造性藝術家及其作品之間的關係會受到社會關係的影響，原因是創造是溝通的模式，特別是藝術家在知識場域的結構裡頭的地位，也會影響到他的作品所受的社會評價（Bourdieu 1971: 161）。

語言分析

卜氏強調語言無法與語言寄生的文化徹底分開。因之，語言分析和文化脈絡的分析，以及生產與接受的社會條件之分析，是緊密連結在一起。有關他在1970與1980年代所撰涉及語言的論文，已收集成冊出版（Bourdieu 1991a）。該書主要在批判索緒爾（Ferdinand de Saussure）和詹士基（Noam Chomsky）等純粹的、形式的語言學作品。他反對索緒爾分別語言（*langue*）與言語（*parole*）❺，也反對詹士基分辨能力（competence）與表演（performance）的不同❻，目的在打破理想語言與眞實語言之間的對立與隔閡。卜氏反對的理由在於他認爲這兩人都在以方法學爲基礎建構一個抽象的語言領域，而爲了建立這一抽象的語言領域卻不得不採用日常的語言，不管是寫的文字、還是講的言語，以此爲基礎來建構理想的語文。因之，這種分別在卜氏看來完全不具意義。事實上並沒有這樣單一純粹的語言共同體之存在，所有標準語言都是牽連到國家形成的複雜的社會過程之產品。索緒爾與詹士基把語言「凍結」起來，再去分析其「結構」，無疑是把社會實相加以「物化」（reified），然後才分析其結構，都是客觀論者對世界的分析態度，是不足取法的。

卜氏對語言的分析主要散見於其人類學的作品中，以及有關教育的批判和文化消費的論述裡。他認爲把語言學與社會學分開是一件學界的不幸。原因是語言本質上就是社會現象，也是實踐的現象，分析文字溝通與語言交流乃是社會學者的本職。他本人就不把分析教育、分析文化與分析語言當成個別的事項來看待。原因是這些項目的研讀有助於吾人瞭解社會的支配或統治（domination）是如何藉象徵性文化的資源之掠奪、壟斷，以及被支配者、被統治者的屈從與妥協（collusion）來完成的。

依據卜氏的說法，所有言語動作（speech acts）有兩個源頭，其一爲語言習性（linguistic habitus），包括文化傾向表達能力，俾言者能適當表述某項事物；其二爲語言市場（linguistic market），爲語言表述與聽取的場合，但卻受到禁止或檢查的規律之管制。換言之，對一項事物的表述，該說多少、或不該說什麼，都有一定的規定，言者不可逾越此一界限。換言之，卜氏所關懷的是語言的生產與被接受的過程。他認爲語言關係乃是權力關係，說者必須在啓口之前預見其語言爲聽者所接受的程度，亦即要說什麼話、以怎樣的方式來說。這是行動者主觀上對情境所可能產生的結果之期待，有了這種期待，他才會事先調整其即將說出的話之內容與方式。於是語言便成爲文化使用的一種競爭方式，也是文化再生產的過程上之競爭，其結果對社會秩序之穩定與再生產起了正面的作用。

在《學術人》（*Homo Academicus*）一書（1988）中，卜氏指出學術界對語言的使用，可以視爲特定的象徵性符號的激烈拼鬥。因爲語文是學術市場上的貨幣與商品，是故學術上的搏鬥與兩樁事物攸關：其一爲合法性的問題，以及文化上的傑出。因爲大學乃爲學者爭取合法性地位之場所。這包括大學成員身份、地位高低、聲譽大小，獲得同儕承認之地方。其二，學術界的特色爲說的一套、做的或想的卻是另外一套。此即沙特所言的「背信」（bad faith）。大學教員使用的語言儘是與學術「行話」攸關，是刻意拔尖提升的高尚（elavated）門面話（Bourdieu 1991b: 88）。

教育及教育制度之抨擊

在《教育、社會和文化的再生產》一書（法文1970，英文1977）中，卜地峨及其合作者除了在理論上指出象徵性與文化財貨再生產之理論外，也企圖藉該理論去進行經驗研究，俾揭發當代法國社會對現有文化與教育秩序之維護，完全是爲了符合統治階級之利益。

此書的理論主軸爲權力者在隱藏其權力關係時，賦予社會以意義，並且把這些意義合法化。不僅此也，權力者還把其權力關係增添了象徵性的力量。其結果，我們不但發現「每個時代的主導理念是統治階級的理念」（馬克思語），而且還發現主導理念加強了統治階級的統治地位。

卜氏有關法國教育制度的分析和抨擊，是他教育社會學理論的建構與研究的一環，也是他「象徵性暴力」理論的出發點。所謂的象徵性暴力，是指社會支配階級不顧社會其他階級的喜惡反對，一味地把它的理念、象徵和意義（文化）體系強加於後者之上，而且強迫後者接受這類象徵或文化事物為合法的。合法性把強制的暴力隱飾、喬裝、美化。一旦文化被接受為合法，那麼它對權力關係又添增一股力量，於是社會秩序穩定了，社會體系得以維護，社會的再生產（繁衍）便無問題。

這些隱藏赤裸裸的暴力，而使社會繼續繁衍發展的過程，是建立在「誤認」（miscognition）之上，而造成人們誤認的工具就是「教育行動」（pedagogic action）。教育行動不限於制式機關的學校或訓練單位之行為，也包括家庭教育與社會教育、社會化等等。每個教育機關的象徵性力量表現在它能夠灌輸給受教育者「意義」，亦即在權力關係的結構下教育機關展現其份量，扮演其角色。

教育行動反映支配階級的利益，一再灌輸文化財貨不均等的分配之理念給予學生。它嚴防「不當言論與思想」、「異端邪說」之出現。因之，排斥、檢查成為教育行動最有效的運作方式。教育行動需要教育權威來執行，後者是一種隨意而設的機構，其存在就靠參與者對其合法性之誤認。把教師誤認為父母（師「父」與學「子」之稱謂），就是要學生盲目接受其教誨。每個教育行動能夠被視為合法，係因統治階級授權的結果。

卜氏《繼承人》一書（1979）係涉及里爾與巴黎文學院學生的調查報告，是有關文化特權的生產與再生產的研究。卜氏發現，大學生學科的選擇和教育態度的養成，是與家庭背景攸關。造成學生對學院生活「愜意」的因素乃是家庭教育的結果・這些因素造成日後社會階級的不平等。教育體系表面上不偏不倚，對待任何學生一視同仁，也似乎不在乎特權。但特權卻化做學生的成績表現出來，其結果高等教育對某些人是高不可攀、永遠拼鬥卻難以實現的幻夢，對另外一些人則為理所當然的學歷養成所。結論是學校體系的合法權威更製造了社會的不平等，因為那些低下階級的人雖然意識到教育對其命運之改變的重要性，但卻不知如何攀上高等學府的階梯（Bourdieu and Passeron 1979: 72）。

反思社會學的建構

歐美的社會學理論不是落入社會物理學的窠臼，就是掉入社會現象學的陷阱；前者即為客觀論者研究的焦點——社會結構，後者則是主觀論者所強調行動者的意志、感受、認知等。藉著「發生學的結構主義」（genetic structuralism），卜地峨企圖克服這種二律背反的敵對觀點（antinomy）。所謂的發生學的結構主義，據其所言：

……客體的結構之分析……是同〔結構〕產生的源頭之分析無法截然分開的，像在生物學個人裡頭，分析他們

心靈的結構，便會發現這些是其社會結構的具體化產品；〔因之〕分析個人心靈結構也就同分析其社會結構之源泉，是無法截然分開（Bourdieu 1990a: 14）。

爲達到這個目的，他不擬發展一套嚴格檢驗（*stricto censu*）下的理論，而是一套社會學方法，用以把研討的問題突出，並利用幾項扼要的概念工具與程序來建構研究的客體，從中求取有關的知識。他又說：「社會學的任務在於發現深藏在不同的社會界下面的結構，這些社會界乃造成社會宇宙的一部分。它也是企圖發現諸社會界能夠繁衍再生和變化轉型的各種『機制』」（Bourdieu 1989: 7）。這裡所指的社會宇宙就是我們俗稱的全社會，至於「雙重的生命」則包含「第一級的客體」和「第二級的客體」。前者爲物質財貨，或稱權力的分配；後者則爲社會行動者分門別類的感覺。簡言之，社會是由兩個體系構成：其一爲權力關係體系，其二爲意義關係體系。

既然社會有這種「雙重的生命」，那麼要瞭解它，就必須設計一副具有兩個焦點的分析眼鏡，同時看出這雙重生活的優點、重點，而忽視其劣點、弱點。可是向來的社會學者如果不是太注重第一級客體（像涂爾幹的《自殺論》、索緒爾的語言學、列維·史陀的結構人類學），便是太注重第二級的客體（像沙特的《存有與虛無》、嘉芬寇（Harold Garfinkel）的民俗方法學或艾爾斯特的理性選擇論），都不是反思社會學的好例。

所謂反思社會學（reflexive sociology），便是要求研究者本人不斷檢討其作爲文化財貨的生產者與消費者的角色，亦即社會學家的自我分析以及社會學者對於社會科學可能性條件的經常反省。因之，卜氏的社會學理論在當今的西方諸種社會學理論當中所以鶴立雞群，自有其獨特之處，那就是他對反思（reflexivity）的始終堅持。從他對其故鄉農民婚姻的分析，到他對大學學術同僚的研究，都表現他自我分析、不斷反省的努力過程。

卜氏並非反思社會學的創立者，也不是唯一以建構反思社會學自炫的思想家。他的反思社會學有三大特色，第一，主要的研究對象並非個別的社會分析家，而是在分析工具中或分析操作中的社會非意識部分，或知識的非意識部分；第二，研究乃團隊集體事業，而非個別的學者之單打獨鬥；第三，這種反思社會學並不在破壞社會學的認知穩定性，反而是增強其穩定性。要之，藉知識的實踐來發展社會的批判理論，乃是反思社會學的旨趣。卜氏的反思社會學在於增加社會科學知識的範圍與可信度，而與現象學的、人本解釋的或後現代的諸學派之反思作用略爲不同。

卜氏指出社會家有三重的迷障阻礙他們研究社會的視線。第一種偏頗爲社會學家的出身與社會學家的階級成分、性別、種族特徵，使他們喪失客觀。第二種迷障則爲社會學家在學術場域裡的地位所衍生的特殊立場和偏好。第三種是社會學家同權力場域親近或疏遠的關係，也會影響他們公正的立場和批判的精神。這包括分析者將世界看成是一種景觀（spectacle），一種亟待解釋而非問題組合的現象，這種看法常會把外界的實狀扭曲，而形成知識的迷障。

卜氏的反思，並非主體對主體本身的反躬自省，而是有系統地探尋「思想中未曾想到的部分，這種未曾思及的部分常會限制可能思想的部分，甚至提早決定思想的方向」（Bourdieu 1982: 10）。

總之，卜氏對反思的關懷，就像他的社會學理論一樣，並非他自我中心的表現，也不是取決於研究邏輯之所需，而是立基於他科學的實踐。反思和自省並非導源於社會學家私人的偏好，而是在其研究過程中產生的一連串動作和運作的呈現。它非鼓勵自我迷戀（自戀症narcissism）或獨我認識論（獨知論solipsism），而是排除思想的宿命觀與掃除決定性的迷障，俾更能客觀地認識外頭世界。

結論與評估

從上面的介紹，我們不難知道卜地峨不但是今日法國著作最豐富、體系最完整、理論最突出的社會理論家，更因爲他佔據了法蘭西學院社會學講座，所以儼然是涂爾幹、列維·史陀、亞宏一脈相承的法國主流派社會學的宗師。近二十年來更由於他思想與學說擴散至英倫、北美、東亞、東歐、北歐、澳紐，其影響力蒸蒸日上，逐漸彌漫歐美文化界、思想界與學術界。儘管英美學界對他學說的介紹和評價不一，但他作爲一名歐陸思想界的頂尖人物，其聲望如日中天，與德國的哈伯馬斯、英國的紀登士和同爲法籍的杜赫尼❼齊名，都是本世紀後半葉的重量級理論家，也是跨世紀的文化界巨人。

卜氏過去將近四十年的講學、著述、研究生涯中，其著作卷帙的浩繁、涉及題目的龐雜、研究範圍的廣泛，在同代學人中鮮有人可與匹儔。他更是第二次世界大戰結束以來，社會理論的領域中最具創思與活力、最富有想像力與挑戰精神的理論建構者。特別令人驚異讚嘆的是他不僅在社會學廣闊的各種部門、各個分支方面（從知識社會學、政治社會學、經濟社會學、工業社會學、婚姻與家庭社會學到藝術社會學、運動社會學）都有深入的理解、分析和新的理論之演展，更因爲出身哲學，所以對認識論、方法學、科學的哲學有專深的研究和獨到的見解。事實上，他的學說雖以社會學爲主體，但卻也涉及人類學、民族學、民俗學、經濟學、教育學、教育史、語言學、政治學、美學和文學批評的範圍，而有跨越科際疆界，融合諸種學科的重大貢獻。

卜氏的作品幾乎是法國古典百科全書派諸學人學說的當代翻版，他在融會貫通諸種學門的歧異，而提出獨特的解釋之後，儼然對學術的科際分工加以挑戰。他有關社會的理解之思想模式完全不理會社會科學的分門別類與門牆隔閡。爲此他談論的題目涉及農民、婚姻、藝術、失業、學校、學制、法律、科學、文學、親屬、階級、宗教、政治、運動、休閒、娛樂、語言、文化等。

卜氏最了不起的所在則爲對同一研究對象，可以在其知識與經驗不斷交織提升之後，再三以不同的方式與觀點來加以修改與論述。例如他有關阿爾及利亞的問題，在其學術生涯中屢次出現、屢次有新的詮釋，有時不惜以新的觀點來否認舊的看法，充分體現他反思社會學日新又新的批判精神。在建構理論或超理論、在講學之餘，他又不忘致力研究，因此，他學問的最大特色乃爲理論建構與經驗研究的交織，亦即理論與實踐的眞正融合。此外，他表述其思想的方法，或訴諸仔細的田野調查、民俗描寫，或訴諸統計資料，或訴諸圖表相片，或訴諸對談的「腦力激盪」，或訴諸哲學的辯難。可以說把社會學與哲學諸種方法齊頭並進，混合活用。

卜地峨這種變動不居、力求躍進的思想模式源之於他對幾項二律背反的對峙（antinomies）之跨越、之調解、之融合的企圖。第一是主體論與客體論之對抗；第二是意志論或現象論與結構主義之對抗；第三是理論建構與經驗研究之分家。與上面二律背反相關的另外兩項對峙或兩項分歧（dichotomies）爲1980年代流行於英美學界之爭執：究竟行動者（agency）重要，還是結構（structure）重要的爭論，以及究竟是宏觀（巨視）、或微觀（微視）的分析更爲急迫的爭論。這些爭論都在卜地峨的理論或超理論中求取化解。

他化解之道無他，乃是提出政治經濟學的超理論，亦即他「統一的實踐政治經濟學」（unified political economy of practice）。這與經濟學相同，涉及物質財貨的生產、流通和分配。但也有所不同，即更重視象徵財貨和文化資本的獲取、積聚、集中和分配。他自以爲這是把現象論與結構論熔合爲一體的最佳辦法。

從卜氏著作中理論的精密和描述的細緻，可以看出他是企圖把古典社會學理論加以徹底消化吸收之後，應用到當代龐雜的社會問題的研究分析上，也是使用傳統的理論，結合他的卓見，對當代社會進行批判。一般學者的看法不認爲他業已成功地跨越主體與客體的鴻溝。甄金士便認爲卜氏雖企圖化解主體論與客體論之對立，事實上仍是傾向於客體論的觀點。卜氏反對決定論，但其社會理論仍舊是顯現決定論的色彩。卜氏要求讀者不要把他對社會生活的描述當成社會實相的模型，但他使用實證主義與經驗主義的語言於其研究之上，卻透露了他對「現實的」物質世界之分析（Jenkins 175-176）。這些都是他學說美中不足之處。

事實上，他的社會理論標明著一種強烈的緊張，這種緊張存在於兩端之間：一方面他大力推向普遍性、概括性，企圖以其實踐、習性、階級的理論之網來籠絡全社會的總體現象；另一方面又以具體的、新穎的、豐富的細緻論述來描繪特殊場域裡的實踐、制度、儀式等等社會事象。其仔細精緻的剖析，包括從阿爾及利亞的農民生活到法國高等學府教授的心態。

這種緊張關係表現在他的著作《傑出》一書中有關階級的分析。它一方面對各種階級的實踐與心態有過仔細的刻畫，另一方面硬要把這些不同的階級加以系統化、一致化，卻造成理論的不夠融貫。事實上，以一大堆的特徵或「關連的特性」（pertinent properties），例如物質性與象徵性資本擁有的程度、性別、年齡、結婚狀況、居住地區、生活型態……種種來描述階級，使階級的眞義消失，而成爲社會決定因素集合起來的隱喩（metaphor），這與韋伯的看法相去甚遠（Brubaker 1985: 769-770）。另外，他有關「習性」或各種各類的「資本」之定義也嫌不夠明確而引起學界的批評與爭議（DiMaggio 1979: 1467-1469）。

但是卜氏的著作卻刺激與鼓舞讀者邊讀邊想。其原因有二：其一，他的理論不會超過人們對社會生活複雜體的研究之外。換言之，其理論與現實生活是息息相關，而非大而無當的「大理論」。其二，爲對其進行的經驗研究之主題，不斷地反思，俾修改早前的情況和觀點。此即經驗研究的日新月異，阻止研究者的墨守成規，防阻其食古不化。要之，閱讀卜氏作品最大的收穫爲讀者可以獲得不斷的刺激和鼓舞，提升反思與批判的精神。這就是研究卜地峨學說的好處。

【註釋】

❶後設理論是建構在自明之理的公準或推定原理（axiom）之上的理論。譬如說「人是理性的動物」是公準。馬克思把階級鬥爭當成推動歷史變化的馬達，也是一種公準，或稱是公準的信念（axiomatic belief）。這類建立在公準或公準的信念之上而得不到經驗上證實的理論，便稱爲後設理論。參考：Gordon 23-24.

此外，所謂超理論乃是理解人類社會生活一個普遍的概念架構（a general conceptual framework）。它決定何種的問題可以提出，何種的解答可以提供、何種的經驗性研究技術可以使用等等。見Brubaker 749-750；用卜地峨的話：「在我的作品裡頭無疑地有一個理論，或更佳地說一組思想的工具顯露在我的作品裡，……它是一些臨時的構成體（temporary constructs）在我的經驗研究工作中成形」（Wacquant 1989: 50）。

❷據Loic J.D. Wacquant估計，截至1992年，卜氏的作品，包括與別人合寫的，共有25冊專書，論文共260篇，這不包括接近一打的外文翻譯，參考Wacquant 1992: 2-3 note.

❸卜氏所談的實踐的感覺、或實踐的邏輯，與郭富曼（Erving Goffman 1922-1982）視社會生活類似戲劇，類似遊戲如出一轍，也相當於馬克思所言，人創造自己的歷史，但卻不是在他們所選擇的情境下去創造歷史。

❹高宣揚把〝*habitus*〞譯爲「生存心態」，實在有商榷餘地，雖然他也強調此一拉丁文有「體格」、「氣質」、「性格」、「性情」、「秉性」的派生意義，同時也指出此字與習慣同一字根，含有外來行爲、行爲方式意思，但本人仍認爲譯爲「習性」比「生存心態」更能符合卜氏的原意。參考高宣揚1991a: 21ff.; 1991b: 296ff.; 1991c : 308ff.

❺此爲作爲系統的語言與作爲說出的字詞之言語的不同；參考本書118頁。

❻「能力」指人們利用語言以表述事物的本事；「表演」則是把組織語言、表述觀念的能力，像演戲般，淋漓盡致地發揮出來。

❼關於杜赫尼社會學說的介紹可參考洪鎌德1995a；及本書第二章。

第四章　諾錫克的政治哲學

前言

自從法國大革命以來，尋覓一個自由、平等、博愛的社會成爲人類夢寐以求的理想。講究博愛的理念固然與西洋文化核心的基督教傳統教義相牟，但那畢竟是建立在神人共同體之上的虛幻和諧，雖然也給反啓蒙運動的浪漫主義者一個保守的、階層的、田園的「社群」（community）概念，但卻同社會主義者私產廢除的平等社會之烏托邦相抗衡，於是博愛的理想之落實，也就失掉社會機制的支撐，亦難以形成強大的社會思潮與社會運動。

反之，自由與平等這兩個口號，卻隨著工業革命與政治革命（美國的獨立戰爭、法國大革命、歐洲1830年、1848年及1871年的革命），構成了19世紀與20世紀由歐美而泛濫到世界其餘地區與國度的現代化、世俗化和群衆化歷程的主要動力。其中特別是平階化的過程（levelling process）爲19世紀上半葉法國哲學家、歷史學家與外交官的托克維爾所強調。他倡言近代世界歷史的發展趨向就是如同北美合衆國般，群衆大量投入公共事務，並力求創業與平權實現，這點雖與他出身貴族、嚮往高雅閒適、好學深思的歐陸精英理想相違背，但卻是人類未來繼續演展必走之道。托氏早已看出個人自由的追求，同社會公平之間的齟齬。因之，認為美國聯邦制度、三權分立、地方自主和自願性組織（專業公會、利益團體、俱樂部等）的機制，可望化除自由與平等兩項理想付諸實現所遭逢的矛盾與困局。

19世紀以來歐美的思想家，不論是馬克思，還是彌爾（穆勒）（John Stuart Mill），還是涂爾幹，還是韋伯，還是杜威（John Dewey），還是羅爾士（John Rawls），還是諾錫克都面臨一種自由與平等孰重孰輕，何者急需實現、何者可以容後再落實的問題。

與19世紀崛起的自由主義（liberalism）有所不同的是流行於20世紀英美國家的激進思潮與運動，這是所謂的放任的自由主義（libertarianism）❶。它固然同19世紀的自由主義一般同樣重視個人的自由與權利，但更迫切地要限制政府的職權，希望政府的權力愈小愈好。這種思潮與運動可分成兩部分：一部分是要求廢除政府，達到無政府的狀態；另一部分則為縮小政府的權限，到接近無政府的地步，後者這派人士可稱為「近似無政府主義者」（minarchists），諾錫克的「起碼的國家」（the minimal state最低限度或至小國家）學說便屬於這一派的範圍內。

近似無政府主義者認為僅具有國防、警察保安和執行契約等有限職能的政府才是正當的；此外也勉強同意民事與刑事法庭的建立與司法工作的推展。至於政府是否應該徵稅，則引起許多爭論；換言之，政府就算只是盡了守夜人的責任，仍被嫌稱職權太大，有關國防或治安的工作甚至可交給私人企業去經營。

造成放任自由主義者採取這種與西方政治哲學傳統大相逕庭的極端學說之原因有二：其一乃是過度重視個人權利，特別是財產權，而排斥福利的觀念；其二則爲他們認爲放任自由的資本主義（laissez-faire capitalism）乃是最好的社會體制，在政府不加干涉之下，個人方得以發揮所長，而最終自然必使全社會均蒙其利。

放任自由主義者在經濟方面的代表人物是羅士巴（Murray N. Rothbard），在政治與社會哲學方面的代表人物即爲諾錫克。

作爲1980年代英美國家放任型資本主義主流觀念代表者的諾錫克，他的自由觀便值得吾人加以研究。因之，本章首述諾錫克的學、經歷和著作，其次再闡析其學說的主旨，最後對其思想主張加以評論。

諾錫克的生平與著作

羅伯特・諾錫克（Robert Nozick）係猶太族後裔的哲人，1938年11月16日出生於紐約布魯克林（Brooklyn），其父名爲馬克士・諾錫克（Max Nozick）是一名製造業工人，母親的姓名爲莎菲・科亨（Sophie Cohen）。他在紐約種族複雜和工人散居的地區長大。在力爭上游的拼鬥下，於1950年代在哥倫比亞學院入學。他主修哲學，卻加入社會主義左翼學生運動，爲校園中積極份子，曾創立「工業民主聯盟」（League for Industrial

Democracy）學院支部，後來變成了1960年代極端性學生組織「學生支持民主的社會」（Students for Democratic Society）聯盟之前身。

諾氏至今為止結過兩次婚，第一次結婚在1959年，對象為教師芭芭拉・費勒爾（Barbara Fierer）女士，育有一子一女。已於1981年仳離。現任夫人為吉爾特露・史娜肯貝（Gjertrud Schnackenberg）。

以卓越的成績自哥倫比亞學院畢業後，諾氏轉往普林斯頓大學攻讀博士學位，但仍舊不放棄推行社會主義的努力。在碩士與博士班中，他被視為哲學系的「神童」（Wunderkind），能夠藉犀利的辯論能力，拆穿哲學專業者小心翼翼建立的理論。正由於他能夠批判建制，也就能夠接受別人的挑戰。以致在普大時，一旦放任自由者（libertarians）的論據戰勝了他社會主義的理念之後，他便曳甲棄兵，完全改信與皈依放任自由主義（libertarianism）。

他於1962-1963年擔任普林斯頓大學哲學系講師（instructor）；1963年獲得普大博士學位後，升為助理教授（1963-1965），從此仕途一帆風順，快速高陞。其間獲得傅爾布萊特獎學金赴英國牛津大學進修一年（1963-1964），旋於1965年至1967年間在哈佛大學哲學系任助理教授。1967年至1969年轉任洛克菲勒大學哲學系副教授與教授。自1965至1969年之間，諾氏發表了四篇論文，展示他高度的分析技巧，不僅可以批駁論敵，也足以捍衛本身的論點，遂被視為具有原創性與重要性的青年哲學家。

1969年之後，諾氏返回哈佛大學，以剛過30歲的年齡便被聘爲哲學系終身正教授，爲哈佛刷新記錄。1985年陞任哈佛朴歐特（Arthur Kingsley Porter）講座教授。之前並擔任哲學系系主任（1981至1984年）約三年之久。期間做過行爲科學研究中心研究員（1971- 1972）；洛克菲勒研究中心研究員（1979-1980）；全美人文才華基金會研究員（1987-1988）；又擔任美國藝術和科學學院院士等榮譽職位。

正如《哈潑雜誌》（*Harper's Magazine*）1975年3月號撰稿人哲學家柯亨（Marshall Cohen）的分析，諾錫克早已觀察與體認到國家那種令人窒息的「惡意」（breath-taking wickedness），因之，限制國家權力的擴張成爲當務之急。於是其成名作《無政府、國家與烏托邦》一書遂於1974年出版，翌年即贏得美國「全國哲學與宗教書籍獎」（National Book Award for Philosophy and Religion）。他的另一著作《哲學的解釋》（*Philosophical Explanations*，1981）也同樣獲得最佳著作獎。1983年他得到諾克斯學院（Knox College）人文學科榮譽博士；此外還贏取一大堆榮譽的獎賞。

誠如《現代傳記》（*Current Biography*）編者所指出，正當英美主流派的哲學家醉心於雕蟲小技的分析哲學之析辨時，肯把邏輯、語文、認識論等技術問題拋在一邊，而探討社會正義與生命蘊義的人寥寥可數。諾錫克《無政府、國家與烏托邦》的推出，正是這批少數派哲學家中的典範，其所產生的暮鼓晨鐘之衝擊作用，是不難理解的。

此書不僅簡易明白，連普通的讀者也看得懂，至於其精闢處就是專家學者也深覺其析理的銳利和論述的深刻。

評論家伍爾菲（Tom Wolfe）認爲諾錫克可能是「美國當今最奇特（extraordinary）的哲學家」。他的奇特和反常，也造成他學說的爭議性。在他成名作裡，諾錫克企圖以自由放任的經濟學和個人絕對的權利來搖撼福利國家和傳統自由主義的哲學基礎。正因爲他不喜歡國家的權力大到「足以阻擋個人之間默契協同的資本主義者之行爲」，就顯示他對官署權威的厭惡程度。

諾錫克接受的是分析哲學的傳統訓練，卻在《哲學的解釋》一書上，表示哲學應具有藝術的形式，而不須像分析哲學主軸的邏輯實證主義那樣視科學爲追求眞理的唯一途徑。《哲學的解釋》爲1976年諾錫克在以色列講學時構思的傑作。他想到哲學的基本問題，諸如客觀的倫理價值是否存在？個人有眞正的自由意志嗎？人生有無意義呢？此外，哲學的基本問題應是在探討人類知識的本質、人的自我認同、以及形上學對事物，而非虛無的存在問題等；此外，更要落實在生活的重要性之探討上。這些問題省思之開始，無疑地爲「有關我們的價值之關懷……假使我們的生命毫無意義、假使我們是某些原因造成的傀儡、假使我們所追求的知識一開始便被視爲絕無可能、假使我們對別人的行動必須予以尊重不具信心，那我們便缺乏價值了」（Nozick 1981: 2）。

爲了讓我們理解哲學家怎樣袪除無價值的疑懼，諾錫克引用英美分析哲學的工具去彰顯歐陸哲人諸如海耶克

（F.A. Hayek）、海德格、沙特等人有關人在社會、人在歷史中的意義之闡述。

向來反對政府或威權採取壓制的手段對付百姓或個人的諾錫克，也在這本《哲學的解釋》中說明他反對哲學強行灌輸給學習者任何的理念。他認爲哲學家不在「證明」其理論，而在「解釋」其理論。換言之，他不認爲哲學理論是由少數公理或自明的前提所推演出來的結論。他認爲這種證明某一理論爲眞的作法是「壓制性的」（coercive），是「化約性的」（reductive）。與此種方法適得其反的是解釋性的哲學方法，亦即把事物潛在的理念加以挑出和照明，讓學習者能夠在非教條信服之下，尋覓、建立起暫時的假設，就像文藝創造一樣「達到把事物連結到價值之完整觀念」。他在與李伯遜（Jonathan Lieberson）的訪談中就指出：「我一向便以爲過去理想的哲學論證要求產生了某些字眼，它們能激發讀者去接受這些結論，否則哲學論證便告死定了……爲何〔哲學家〕要這樣去拷打別人呢？這實在不是好的作爲」（N. N., *Current Biography* 1982: 297）。

在1983年出版的《檢驗的人生》（*The Examined Life*）一書上，諾氏作了哲學的冥思（philosophical meditations），細談他對死亡、親子關係、創造、神與信仰、每日庸俗生活中神聖的事物、性、愛情結合、情緒、快樂、眞實、自私、立場、價值和意義、重要、實相、明暗、災難、啓示、適得其份、智慧、政治的善變、哲學家等等人生大小問題的看法。這是作者企圖對自己生平所思所行的一項釐清工作。原因是人們平常所過的生活，都像自動飛航員一樣，接受早已設定的目標與操作方式，略加修改，便啓程赴航，這樣對人生早期設定的目標與熟習的操作技巧不加檢討聞問，固然使生命之旅的航行安適而有效率，卻未必是完滿這一生最佳的作法（Nozick 1989: 11）。

另外一本由散佚的論文收集而成的作品《理性的本質》（*The Nature of Rationality*）則出版於1993年，爲諾氏近年發表於學術期刊、雜誌、學報，有關理性問題之研討。

李伯遜在80年代初描述諾錫克：「外觀年輕、英俊，體裁中等，這名逾齡的『神童』的臉相是長方型的，爲漫畫家所描繪，具有戽斗，而闊嘴的人物。兩眼不很大，但深黑色的一雙濃眉，銀灰色的長髮覆蓋著他頭顱，分散在他頭額之前飄飛」（N. N., *Current Biography* 1982: 297）。

由於諾錫克堅持其所信守的放任自由主義原則，所以拒絕接受政府委託的研究計畫，或接受任何官方的研究基金贊助。他沉浸於猶太文化裡；也心繫以色列的立國精神，曾在耶路撒冷大學生活與執教，爲猶太素食會（Jewis's Vegetarian Society）的會員。此外，他隸屬於美國公民自由聯盟（American Civil Liberties Union）之組織，並任《哲學與公共事務》（*Philosophy and Public Affairs*）一雜誌的編輯。

無政府與自然狀態

諾錫克主要的著作《無政府、國家與烏托邦》之出發點是西洋政治思想史上最具影響力的社會契約論中關於自然狀態的析評。自然狀態是霍布士、洛克（John Lock）、盧梭（Jean-Jacques, Rousseau）等社會契約論者所設想的前文明社會，即國家尚未建立之前，人類群居生活的組織方式。這是政治哲學家在考察原始社會秩序時，對國家形成之前的人類群居生活形式所作的臆測，並不符合人類歷史演進的實際狀況，但卻是有關國家如何產生最具說服力的假設之一。

由於自然狀態是一種無國家組織、無官吏管轄、人人相爭爲敵之弱肉強食的野蠻社會（霍布士）；或至少是一種沒有官署裁決是非對錯、無章法而又不方便的群居生活方式（洛克）；或甚至是人類未受文明進步所污染的素樸共同體（盧梭）；總之，它是一種國家出現之前無權威、無約束、無秩序的無政府狀態（anarchy）。

社會契約論者大多視無政府的自然狀態爲人類走向文明，或邁向建立國家與法政制度的最早階段；或是一個過渡時期。一旦國家出現，自然狀態便歸於消失。可是也有如高德溫（William Godwin 1756- 1836）之政治哲學家公然倡言沒有政府的干涉，老百姓的生活會更悠然舒適，他有系統地闡述無政府主義（anarchism），這些學說後來居然影響了歐文（Robert Owen）等人。

在此我們可將無政府主義者粗略地分成兩派，一派以保護私人財產爲主（高德溫、歐文、塔克〔Benjamin Tucker〕）；另一派卻以取消財產爲達成人群平等與和諧生活的先決條件（蒲魯東（Pierre-Joseph Proudhon）、巴枯寧〔Michael Bakunin〕、克魯泡特金〔Prince Kropotkin〕）。馬克思、恩格斯（Friedrich Engels）在某一程度下，也符合後者這一派的主張，雖然在倡導革命、推翻統治階級方面，與它不同。

諾錫克顯然不贊成那種帶有社會主義或共產主義色彩的無政府理論，他的自然狀態之理論主要取材自洛克的著作，儘管他也不認同只爲保護私產而取消政府之主張。19世紀美國無政府主義者塔克曾經說：「假使個人有權利可以管理自己，那麼所有外在的管制都是暴力統治。」換言之，只要承認個人可以自治，政府的存在便失去合理性與正當性。對塔克的這番話，諾錫克既有贊成又有反對，贊成的是個人乃擁有權利者，諾錫克說：「所有的個人都擁有一些權利，這不是任何他人或群體〔在不侵犯其權利的情況下〕所可以加以限制和干涉的」（Nozick 1974: ix）；不過諾錫克顯然反對塔克的結論，不認爲有了個人的權利，便可以不需官署或國家。亦即諾錫克不認爲國家或政府應歸於消失。反之，他認爲國家仍有其存在的必要，那就是他希望建立一個「起碼的國家」（the minimal state最低限度或至小國家），俾保護公民不受暴力、竊盜、詐欺的侵害，又能貫徹個人間所締結的契約，這是有別於權力「擴張性的國家」（the extensive state）。蓋後者會「侵犯到個人的權利」（*ibid.*）之故。

個人的天賦權利

那麼個人有什麼權利呢？根據洛克的看法，在自然狀態之下，受到自然的法律（the law of nature）之約束，任何人都不得傷害他人的生命、健康、自由和他所擁有的事物（possession）。因此，生命、健康、自由和私產便成爲個人的權利。這點也是諾錫克所同意的。不過爲了說明何以在「起碼的國家」內，個人對其生命、健康、自由和私產擁有那麼大的權利，諾錫克提出了「自我擁有的論題」（the thesis of self-ownership）。

自我擁有的論題乃是指出：每個人都得過著一個特定的、與別人分開的、只有這麼一次的人生。每個人的生命和健康，以及維持生命的自由活動，以及必要的物質與精神條件（其私產），都與他的存活分不開，都隸屬於他本人。因此，勸人犧牲生命、健康、自由，去奉獻給他人、或給社會，在道德上是站不住脚的，除非個人自願這樣做，否則他人無權要求其犧牲、奉獻。特別是藉著威脅、暴力以剝奪個人此種權利更是非法的、不正當的、不道德的。換言之，由於每個人與他人「身份的分離」（separateness of persons），造成每個人有權規劃自己的生涯，「任何涉及他的生命、身體、自由、健康的事物，必須經過其同意方能有所改變、干涉」❷。

多年以前，新加坡國會通過特別立法，要求新加坡公民在生前寫下遺囑，準備在逝世後捐出器官（特別是腎臟），給急需器官移植的病患使用。此舉曾招來信仰回教的馬來族群之抗議，蓋後者基於全屍的宗教傳統觀念，不肯死後遭到分割施捨。爲此，新加坡政府傷透腦筋，不知如何去改變馬來族群的想法。這還只是牽涉到身後事而已，若是要求人們生前即捐出其器官，除非是至親好友，否則鮮有可能。這點正適足以說明「身體髮膚受之父母」的傳統信念，使人們對於本人的身體之擁有視爲至高無上的權利。

因之，諾錫克認爲這些天生的權利，除非個人同意，絕無割捨的可能；唯一的例外乃是因爲作奸犯科而遭受懲罰，或爲了自衛的理由，別人可以侵犯到我這一部分的權利。結論是：凡未經我同意而有所作爲，以致影響到我權利的事物，就是對我權利的侵害，乃是非法的。要知個人都被一層權利的「保護圈」（protected sphere）所包圍，不讓他人侵犯。諾錫克主張只有承認個人有不被侵犯、不被干涉的權利保護圈，才算是尊重每個人之「身份的分離」。

諾錫克繼承了霍布士、洛克、盧梭、康德、彌爾等哲人自由與個人主義的傳統，並藉以闡述天賦人權的蘊義，他所強調的不過是自我擁有的權利這一點，因之，個人的權利便成爲諾錫克學說的出發點，也是其政治哲學的核心概念。

授權的公道論

在其主要著作的第二部分之開頭，諾錫克討論到「起碼的國家」所涉及到的「分配正義」問題，因而提出了「授權（或譯爲領銜）的公道論」（the entitlement theory of justice）。他之所以要提出公道理論，主要是去說明職權有限的「起碼的國家」在怎樣的施爲下才算較爲公平、公道。特別是涉及到個人財產的獲得、保持和使用時，公道的問題便告產生。

換言之，人們何時擁有財產權？以何種方式取得財產權？以及財產權的道德基礎為何？這些疑問都涉及了公道的主題。諾錫克指出某人擁有某物是否符合公道原則，牽涉到下列三項主題：第一，他如何原始取得，亦即如何把無主物變成他的所有物？第二，涉及到一物由某甲轉移（transfer）到某乙的主題，亦即轉移過程中牽涉到是否藉交易、贈送，還是欺騙、脅迫而達成；第三，過去不合法、不公平的擁有，經過了改正、補救的手續，得以堂堂正正的擁有。

為了上述三個主題，諾錫克提出了三項配套的原則：

1. 獲取的公道原則（principle of justice in acquisition）；
2. 轉移的公道原則（principle of justice in transfer）；
3. 改正的公道原則（principle of justice in rectification）；

因此，諾錫克雖然同意諸如蒲魯東、巴枯寧和克魯泡特金等無政府主義者有關個人天賦權利不容外力限制或侵犯的主張，但並不贊成蒲魯東把財產看作是竊盜的說法。這不僅是由於馬克思批評蒲氏這種說法的自相矛盾——原始獲得者為正當、合法，但其後財產轉移卻變成了竊佔——，更重要的是諾氏奉行的是放任自由主義（有別於自由主義之主張個人自由與權利，重視政府的職權與角色），主張個人除了擁有生命權與身體權之外，也應擁有財產權。這些權利都隸屬於個人「保護圈」之內，非得其同意，任何人不得任意剝奪、限制、干涉。

財產的取得、分配與享用，既然不能依照個人的需求多寡、或貢獻大小等原則去進行，則只有靠他所揭示的授權或領銜的公道三原則去運作，這便是他之所以討論公道或正義諸原則的緣由。

國家的角色和職權

一如吾人所知，諾錫克所接受的自然狀態理論乃是洛克式的，而非霍布士式的。在自然狀態之下，衆多的個人們會容忍一個統治的、主控的保護機關（dominant protective agency）之出現，它在一定的領域上行使事實上的權力壟斷。因之，它已具有某些國家的雛型（特徵）。這一統治機關的出現，如果運作適當就不必然會侵犯到個人的權利；不過這個主控的統治機關並沒有徵稅的權力（Nozick 1974: 15-18; 22-25; 108-110; 134-140）。

統治機關的出現，無異是公共領域的建立，也就是政府的形成。有了政府、人民和領土，便構成國家的基本要素。事實上，西方狹義的國家常指政府而言。諾錫克所要建立的國家就是前面所述及的「起碼的國家」，即無異於權力和職能有限的政府。的確，他所主張的國家絕對不是權力膨脹、干涉人民生活頻繁的「擴張性國家」，也就是不超過保護百姓安全的「守夜人的國家」（the nightwatchman state）。

守夜人國家的職責不會超過保護人民不受暴力、詐欺、竊盜侵擾，以及貫徹契約的履行這些範圍之外。它的存在僅在保衛人民的權利而已，超出這個範圍之外，國家的任何職務都可能威脅或侵犯到人民的權利。

諾錫克這種「起碼的國家」的說法，本來是平凡無奇的，不過用之與現實存在的國家相比、相對照之下，便會顯示出它的意義深遠。現代國家的角色十分複雜，其職權也非常繁多。因此，政府分設各種部會以從事各種公務的推行。於是乎，除了國防、外交、內政、法務、經濟、財政、交通、教育之外，各國政府也設立了勞工、外貿，甚至衛生、福利、科技、運動、僑務、移民、國土開發或規劃等部門，這些都隸屬於行政的部分。與行政相對立的司法和立法機構更擁有龐大的官署、衙門與官僚體系，造成現代國家爲一部消耗資源、人力的統治機器，這是放任自由主義者最予批判反對之處。

要之，現代國家可以按其授權職務，以及訴求對象的不同，掌控以下幾種主要的職能：

1. 護衛國土免受他國侵犯的國防，以及維持國內治安的警察職能；
2. 提供交通便利的基本設施，消除天災人禍的安全措施，以及增加人民知識的圖書館、博物館等純粹公共服務的職能；
3. 失業與貧病救濟，提供便民與福利的職能；

4. 監視人民不得犯法（例如電影、報章之檢查）；不得吸毒之消極性防範，或懲罰違法者之職能。這也包括了強迫性教育之積極性義務，俾使國民擁有基本的知識（識字、計算、作爲公民的常識等）。

在上述四種國家不同職能中，只有第一種涉及到如何去保護人民權利不受他人的干涉，爲放任的自由主義者所能接受的。第二種在表面上是去提供全民方便，但卻涉及到國家有限資源的統籌分配和利用，顯然影響到納稅人的利益，實有斟酌商榷的餘地。至於第三種則是把全國有工作能力的人、健康的人、有財產的人所繳納之稅款，用來濟助失業者、貧病者，造成一部分人喪失利益，另一部分人蒙受利益，這是放任的自由主義者最不願意看到的事實。至於第四種職能，則完全無視於人民的喜惡與需要，而由政府提供（如教育），或禁絕（如毒品）某些物品或服務，這是違反個人意願，也是侵犯個人權利的作法，這是放任的自由主義者最難以接受的一點（Wolff 1991: 32-33）。

諾錫克倡說的「起碼的國家」爲了實現第一種職能，可以有徵稅的權力，這是因爲政府既保護人民個人的權利，個人自然有義務繳納稅款以支付這些保護所需的費用。但他接著認爲「起碼的國家」卻「不可以使用鎮壓性的工具〔檢警情治單位〕，藉口人民本身的好處或利益，或者藉口禁止他們做某些〔不利或違法〕的活動，而迫使某一群人去幫助另外一群人」（Nozick 1974: ix）。也就是說，不管其所持的理由是如何的冠冕堂皇（「人飢己飢，人溺己溺」；實現「福利國」的理想），國家皆不得利用公權力脅迫一部分的國民去幫助另一部分的國民。這也就是他何以把上述國家職能的第三項與第四項視爲不正當的原因。顯然國家無權要求人民做出捐獻，俾增加其本身的福利。

因此，任何強迫性的重新分配固然應予阻止，就是任何發號施令式的硬式安排（paternalism）也宜加以阻卻，蓋前者與自由移轉的公道原則相牴觸，而後者則違背了個人自主自決的精神。至此吾人可以瞭解他心目中起碼的國家之狀貌。可是諾錫克令人驚訝的結論是：國家與消滅貧窮的事務無關，人民也無權要求國家提供福利或濟助（Wolff 1991: 11）。

起碼的國家是令人振奮著迷的烏托邦

諾錫克在他成名著作的前言中，指出起碼的國家「既是令人振奮鼓舞（inspiring），也是正確的（right）」爲什麼起碼的國家具有這樣吸引人心、令人著迷的作用呢？

嚴格地說，諾錫克不認爲起碼的國家是一個烏托邦，因爲烏托邦是存在過的、現存的，以及未存在過的人類所公認最佳、最適宜的理想居住之鄉。但每個人的理想非常不相同，可滿足各種理想的烏托邦顯然是沒有實現的可能。因此，起碼的國家只是一個接近烏托邦，但又大有落實可能的人類未來群居的方式。

諾錫克認爲未來起碼的國家雖限制政府的權力，不准政府採取強制的手段迫使富人割捨他們多餘的財富，但也並不鼓勵他們坐視窮人的貧困而無動於衷。他對私人的賑濟救助，不但不加阻止，反而提倡私人興辦慈善事業。放任的自由主義，甚至會倡說坐視窮人陷入絕境是一件不道德的事。不過基本上，放任的自由主義者還是分辨道德上的不當和法律上的不該，無人在法律上應該被迫去捐款行善，原因是私產比行善更爲重要、更佔優先。

道德上的對錯與法律上的是非，是否應該作這樣嚴格的分辨，這是可以商榷、斟酌的。但對放任的自由主義者而言，要藉由徵稅去重新分配所得，甚至去改善窮人的生活，在他們看來都是違法的。當然他們也知道在道德上，他們有義務撫恤濟窮，但這些善事必須是出於他們自願的，而非被迫去做救濟的事。

但是只靠人們的良心自動行善，是不是就能夠解決這個世界的貧困問題呢？起碼的國家對自動自發的慈善事業是鼓勵或是阻卻呢？有人指出當前的福利國家和高稅率的徵稅導致慈善事業的萎縮。因之，主張取消福利國措施，減少稅負，使供應慈善事業的源頭活水得以充沛湧流。就像米爾頓・傅利曼（Milton Friedman）及其妻洛絲（Rose Friedman）所言，在今日政府權力大爲膨脹之前的19世紀，可謂爲「慈善大世紀」，私人興學、興辦醫院、孤兒院、救世軍、基督青年會，捐助傳教士海外傳教等無所不至。不過與此主張剛好相反的，則是認爲上述私人從事的慈善工作沒有成效，才需要政府介入救濟事業，也間接造成政府機構的擴大和職權的膨脹（Wolff 1991:

13）。

那麼解決貧困、振興公益是不是起碼的國家的當務之急呢？其實只要有自由市場的存在，那麼透過保險的手段，也足以解決或改善疾病、災禍、失業所造成的損害。不過要完全倚靠自由市場機制來防災、抗病、阻變，也不是完美的辦法。這是由於部分的人天生貧困、早有宿疾或無工作能力，私人保險公司並不願意承保這些對象的緣故。因之，起碼的國家似乎也不能不考慮到公辦保險的必要。

除了去弊之外，起碼的國家對牽涉公共利益的興利事業，也不能放手不管。如此可知，諾錫克構想中的理想國，無法只限於他所陳述的保衛人民免於外侵、竊盜、失信等基本權限之內，它只是有異於擴張性的政府，辦理一些最基本、最必要的衆人之事。這樣一來，人們便要懷疑他所構想的這個國家，有何令人振奮著迷之處。

由於諾錫克不相信世上只有一種單一、而又能滿足所有衆人之美好的生活方式和所在，所以他建議應該按每人的需要、每人的想像，建立一個充滿形形色色的衆多烏托邦之集合，好讓「維根斯坦（Ludwig Wittgenstein）、伊麗莎白·泰勒、羅素、梅爾頓、Yogi Berra、Allen Ginsburg、Harry Wolfson、梭羅、Casey Stengel、the Lubavitcher Rebbe、畢加索、摩西、愛因斯坦……你和你的雙親」，也能居住的理想國（Nozick 1974: 310）。

要讓上述各種不同背景、性格、志趣、才華的人物得以共聚一地的烏托邦，需到何處去尋覓呢？這就是諾錫克所以主張起碼的國家之緣由。原來在起碼的國家裡，喜歡共產主義的人，便可以廢除私產，過著生產資料公共擁有的無產階級生活。重視利潤、善於競爭的人，便可以營造一個自由市場和創造企業的群體，俾過著資本主義式的生活。至於想要過著精神解放、道德完善、文化提昇的人士，也可以自組追求眞善美的社團，放棄世俗的物資享受，專門欣賞科學、倫理、宗教、藝術之精緻，而不至於被別的理想和追求所阻撓。

很明顯地，沒有任何一個擴張性的政府能夠爲這個「烏托邦的架構」提供實現的可能性。原因是個人對國家的義務負擔愈重，愈無法實現自己的偏好，也愈無法眞正讓別人獲得實現其計畫的機會。因之，一個起碼的國家不排除各種生活方式落實的可能性，讓每一群體都能按照其理想去發揮。至於起碼的國家中是否有足夠的人，志同道合地成群結黨，這就非作者諾錫克所能回答。他只是表示，不管組成何種群體，不管這類群體或大或小都在法律上受到允准，即不受限制，不受律條束縛，而讓每個公民能夠一圓他人生的美夢（Nozick 1974: 333-334）。

結論與評估

英國哲學家威廉士（Bernard Williams）在評論諾錫克的哲學體系時，把它比喻爲多條圓柱拱列的羅馬衆神的神殿（Panthenon），而非一座高聳入雲孤零零的石塔。原因是這兩項人類早期偉大的建築物都在長期風霜中頹廢傾倒，但後者一旦墜毀則所留下來的不過是斷垣殘石，前者則至少圓柱猶存，尚可保留部份引人遐思、追憶的壯麗景觀❸。

的確，諾錫克《無政府、國家與烏托邦》、《哲學的解釋》、《檢驗的人生》、《理性的本質》諸書，都以藝術之美，來探討哲學問題。特別是他的成名作無疑是本世紀英、美政治哲學中最精彩的作品之一，可以與羅爾士的《正義論》（1971）媲美，都被譽爲放任自由主義的經典之作。難怪此書一出版，美國分析哲學派與邏輯學大師曠恩（Willard V. Quine）便讚美是一本「精彩和重要的著作，一定在理論上有很大的貢獻，在相當的時間裡，對社會之善也會產生正面的作用」。威廉士則特別指出此書具有「原創精神、引人注目和發人深思」，此一著作不但使人們對國家的存在和功能重加評估，也會獲得意想不到的結論，而激發人們的省思❹。

正如前面所述，諾錫克也關心社會正義的問題。不過有別於羅爾士把正義建立在自由原則與差異原則之上，諾錫克懷疑差異原則的哲學基礎。所謂的差異原則是羅爾士所主張的，他以爲每個人因爲資質、能力、機會有所差異，以致無法在社會上取得完全公平的待遇。在此種情形下，社會與經濟的不平等也就不可避免，不過這種不平等的存在與安排，應該注意到如何讓那些得益最少者獲得最大的好處，以及把社會的公職與地位公平開放給大衆，讓所有人都有公平的機會去獲得這些職位（Rawls 1972: 302）。

羅爾士認爲在社會上佔盡便宜和優勢的人，都是社會的幸運兒，他們沒有理由再要求分食社會的大餅。他們的能力與智慧是社會公共的資源之一部份，而非任何特定人物的私有本質。因之，這些優勢人物所產生的好處應分配給社會全體。也因此，差異原則在於指出爲著社會合作的需要，讓某些人士在經濟上可擁有更多的好處，造成經濟上的不平等這一事實。不過不平等雖可存在，但不平等造成的社會利益應歸所有社會成員來共享，才能體現社會的公平。

對於羅爾士這種論證，諾錫克不表贊同。首先他認爲此舉勢必把人類自動自發的行動與自由選擇的自主性人格抹煞。原因是視人的好壞運氣得自於外面的因素（優越的家世、血源、良好的社會關係等），使人既不能自主又減低他言行的責任（Nozick 1974: 214）。其次，要求社會優勢者有義務濟助貧困者，無異是劫富濟貧，要求富者、優勢者犧牲其福利去援助別人，這有違人們身份個別不同的原則。

正由於羅爾士的正義論，比較上照顧了社會上的貧病與弱勢者；反之，諾錫克堅決反對「劫富濟貧」，堅決反對福利國政策，所以後者的理論被看作是替資本主義大亨撐腰的學說，而對窮苦大衆是一種雪上加霜無情冷酷的主張。

這麼一說，是不是令人誤會諾錫克完全反對社會平等呢？換言之，他主張的授權（或領銜）的公平觀是反對平頭主義（egalitarianism）的。不過在他所期待的起碼的國家中，社會的平等如果能夠出現，他也不會反對。他所反對的只是藉什麼「社會計畫」，硬是要把社會成員砍削成平頭的平等主義，而不讓個性有所發揮。

諾錫克的學說顯然深受洛克的影響，不過前者不採用古典自由派理論中的社會契約說。取代衆人把立法、行政、司法權力交給國家以換取本身安全的保障，諾錫克改以自由放任的古典經濟學說之「看不見的手」（invisible hand）的機制，來達到建立國家、維持社會秩序的地步。也就是說處在自然狀態中的個人逐漸形成保護性的團體，這些團體隨著時間的過去和經驗的累積，在看不見的手的指引之下吸收了衆人凝聚的道德心態，逐漸建立起一個至低限度的政府，最終就轉化成一個起碼的國家。

正如柯亨所言，諾錫克不以爲追求與實現正義，需要擴大國家的職權。剛好相反，爲了眞正得以保護個人的自由，就應該禁絕國家成爲擴張性的政權。國家權勢如大增就會像史賓塞（Herbert Spencer）所擔心的奴隸制（slavery）之再現，也會踏上了海耶克所言的「奴役之途」（road to serfdom）。這都是諾錫克所戒愼恐懼的。

由於諾錫克對私產的堅決擁護，以及對資本主義體制不加約束、不加限制的言論，變成了70年代末「新右派」（New Right），或80年代初英美新保守主義的代言人，爲此他遭到來自左翼的攻擊。不過在《檢驗的人生》一書中他似乎已修正早期的觀點，自稱不再隸屬於放任自由主義的陣營。但綜觀他的學說仍脫不掉放任自由主義的色彩。至少他的理論爲放任的資本主義找到最好的解釋，雖然不一定爲關心人類命運者所接受。

【註釋】

❶Libertarianism石元康譯爲極端的自由主義，似嫌過分「極端」，這是20世紀80年代流行於美國的政治學說，有別於自由意志的哲學論調，它建立在「自由放任」(laissez faire) 的當代資本主義制度上，屬於新保守主義的思潮。譯爲放任的自由主義，或者稱放任自由主義比較妥切。參考Ashford and Davies 1991: 163-166; Gordon 1991: 289-291.

❷有關「自我擁有」與「身份的分離」的理論，爲Jonathan Wolff與R.P. Wolff在分析諾錫克的理論時所引申而得，見Wolff J. 1991: 7 ; Wollff R. P. 1982: 82.

❸見*New York Review of Books,* 18.2.1982.

❹B. Williams, "Book Review" in: *London Times Literary Supplement,* 17.1.1975.

第五章　紀登士的結構兼行動理論

前言

古典社會學理論三大家（馬克思、涂爾幹、韋伯）都是歐陸人士，這大概與社會思潮最早在歐陸湧現有關。但進入本世紀之後，英美學界大力推動社會學的教學與研究，特別是第二次世界大戰前後，美國成爲全世界社會科學最蓬勃最發達的國度。1930年代後，特別是1960年代以帕森思（Talcott Parsons 1909-1979）和梅爾頓（Robert K. Merton 1910-）爲首的結構功能論與中程理論興起，成爲社會學學說的主流，於是一提起社會學的理論與經驗研究來，必以美國的馬首是瞻。至於英國雖有史賓塞（Herbert Spencer 1820 -1903）在維多利亞時代獨領風騷，但至本世紀中葉以來，居然沒有一位世界級的理論大師，可以同德國的哈伯馬斯（Jürgen Habermas 1929-）、法國的卜地峨（Pierre Bourdieu 1930-）❶，以及杜赫尼（Alain Touraine 1925-）❷等相提並論，直到本世紀下半，紀登士（Anthony Giddens）的登場才突破英國社會學理論界島嶼型的隔絕性格，而贏得寰球的讚賞。

紀登士在社會理論界的崛起不過三十年，但卻以其深厚的學力、廣博的見識、細緻的表述和尖銳的批判，而獲取學界的矚目與敬重。尤其他將近三十本的著作與數十篇的文章，涵蓋範圍之廣闊、討論問題之深入、詮釋方法之新穎、綜合重構之創意，在在都令人刮目相看。他早已跳出社會學理論（sociological theory）的框框，而發展出批判現代社會的社會理論（social theory），亦即結合社會學、心理學、政治學、人類學、歷史學、地理學、哲學等學科，以創造他那套掌握變動不居、膨脹迅速的當代社會之新理論——結構兼行動理論（structuration theory）。

紀登士的整個著作與研究計畫，乃是針對古典社會學傳統的重加評估，以及對1960年代英美學界盛行的教條學說，諸如結構功能論、實證主義、進化論、主觀論、客觀論、自然論等之指摘與檢討，從而爲當代社會之現代化把脈。總之，他整個學術生涯與志業就在重新思考與建立現代的社會學傳統。

對於當代社會學思潮與流派，諸如體系論、功能論、結構論、民俗方法學、現象學、象徵互動論，他不但耳熟能詳，更能夠深入批評、解析與綜合。因而反對古典社會學傳統囿於國界之侷限，只注意國界之內社會的探討，紀氏研究的對象，則包括民族主義、跨國的互動、國際戰爭與暴力，以及寰球社會的走向等等。爲此他不僅強調權力問題在社會學中的重要法（師承韋伯、尼采、巴雷圖〔Vilfredo Pareto〕、莫斯卡〔Gaetano Mosca〕等人的說法），還將海德格對時間的反思，以及人文地理學關於空間的觀念，引進社會理論當中，從而豐富了對變動不居的社會之理解。

事實上，紀登士不僅在營構一項社會一般性的理論，他還不忘進行經驗性研究（諸如對階級、休閒、娛樂、體育、自殺、愛情、性、親密關係等問題之考察），俾使理論與研究有個辯證的對照、比較、互動之機會。換言之，紀氏經常以經驗與事實的研究來檢視理論的正確與否，然後再以修正過的理論來指引經驗性的觀察。

紀登士的著作，最令人印象深刻的不僅是流露著智慧的圓熟（intellectual virtuosity），最主要的是前後一貫形成一種嚴密的體系，亦即他學說的體系性動力（systematic impulse），不僅在早期的作品中湧起，就是近年間的著作更有突出的表現。要之，紀登士正在發展一個廣包的、涵蓋的，對當代社會的捕捉所不可或缺的理論，這是他的雄心大志，也是他宏大的學術計畫（Bernstein 19）。

本章首先簡述紀登士前半生的學歷、經歷和著作，其次指出他所排斥與所吸收的古典與現代社會學說及人文思想。在第四節中則介紹他如何化除行動者與結構兩項對立的問題，因而進入他著名的，也是引起爭議不斷的結構兼行動理論；第五節討論紀氏其他的社會學學說；第六節則涉及他對現代性的分析；最後第七節爲結論與批評。

紀登士的生平與著作

儘管紀登士對他的出生背景不願多談，也對他自己的學術貢獻採取謙虛的低姿態，但我們仍舊可以指出一些基本的個人資料。他是1938年1月18日誕生在倫敦北部艾德蒙頓（Edmonton）。中小學成績平庸，想進入哈爾（Hull）大學攻讀英語，卻遭拒絕，只好選讀社會學與心理學。這兩種學科，他倒念得極為出色。在1959年以榮譽班第一級的優秀生畢業❸。在哈爾大學社會學系中，他受教於歐士禮（Peter Worsley）與韋士比（George Westby），前者教授帶有人類學色彩的社會學，後者開講包括介紹佛洛依德的心理分析在內的心理學，都給予紀登士極佳的啓迪。

大學畢業後，紀氏本想進入英國官僚系統，擔任文官的職務，卻因學業成績優異，遂決心繼續深造，而獻身學術志業。他前往倫敦政經學院進修，在特洛普（Asher Tropp）和洛克屋（David Lockwood）先後指導下，於1961年完成碩士論文：題為《當代英國的體育與社會》。隨後被萊徹斯特大學社會學系延聘為講師。該學系有兩名聲譽雀噪的學者：諾以斯塔（Ilya Neustadt）和衣里亞士（Norbert Elias）。萊徹斯特大學不讓紀登士講解古典社會學理論，也沒有交代他教授當代的社會學學說，卻要他負責第三年學生的社會心理學。不過在社會心理學當中，他的講題涉及社會化、語言、態度、認同、制度和國民性格等子題，這些都有助於他日後的研究與著作。

有趣的是萊大的社會學系也要求學生學習心理學，於是紀氏有發揮其所長的機會，這也拓展他心目中理想的社會學，是一門開放性的科學，不僅包括社會理論，更包括人類學和社會心理學在內。在這裡諾以斯塔對紀登士知識上的影響相當大。諾氏以做好一位盡心的教師爲職責。這點影響了紀登士稍後編寫三套社會學的教科書，包括《簡短與批判性導論的社會學》（1982）和大型版本的《社會學》（1989，1990）以及《人類社會：社會學入門讀本》（1992）。另一方面衣里亞士帶有德國的觀念傳統，對紀氏也有相當的啓發，是一位足堪效法的的社會學者，一生摒除雜念貫徹自己的研究志趣。在萊大紀氏曾有機會旁聽衣里亞士有關社會發展的講課，也有機會閱讀後者《文明化過程》（1939）的英文翻譯與德文原稿。因之，不少英國與荷蘭的學者都認爲紀登士受到衣氏思想觀念的影響相當大，儘管紀氏對此點不予承認。

1966至1967學年度，紀登士到加拿大溫哥華的賽蒙·佛拉塞大學執教一年，當時該大學社會學系系主任爲曾任世界社會學學會的理事長，又是精通馬克思學說的巴托謨（Tom Bottomore），但巴托謨發現北美左翼學生的偏激遠遠超過他本身。次年（1967-1968）紀氏南下，執教於加州大學洛杉磯分校，讓他有機會親自目睹嬉皮和左翼學生反越戰的示威運動。這種體驗對他無異是一大啓示，亦即歐洲（包括英倫）向來講授的以階級和結構爲主的社會理論，完全無法解釋北美青年人反越戰、反種族歧視的社會運動。

南加州海濱聚集的奇裝異服之青年人的作爲，給予紀氏深刻印象，使他瞭悟歐洲社會學理論的侷限。這也就促成他有意重新對歐洲社會學傳統進行反省與批判。他決定形塑自己的社會學理論，即結構兼行動理論，其中第一部份為對傳統社會學理論的狠批；第二部份為對現代社會生活之定性與定位；第三部份則為討論人類學的問題。

1969年紀登士離開萊徹斯特，而接受劍橋大學英王學院（King's College）講師職。他在劍橋一面教書，一面研究，一面撰寫博士論文，在1974年以三十六歲的年齡，獲得劍橋博士學位，比起其他的同僚來，戴上博士方帽為時未免稍遲。再過十一年（1985），終於繼承巴納士（John Barnes）為劍橋大學社會學講座教授。基本上紀氏始終在劍橋教書，偶而前往北美、歐陸、澳洲為數三十餘所的大學講學。1997年元月出任倫敦政經學院院長，兼工黨政府國策顧問。

紀登士的重要理論著作《資本主義和現代社會理論》（1971）出版後，引起社會學界的驚佩。能夠在兩百多頁的篇幅中，處理古典三大家，而予以肯棨的批判，是令人訝異的。同年也出版《自殺的社會學》（1971），是一本編印的文集。次年有《涂爾幹選集》（1972）和《韋伯思想中的政治學與社會學》（1972）兩書的出版。接著《先進社會的階級結構》（1973）和論文集《實證主義和社會學》（1974）先後推出。他對古典與現代社會學理論之批判的重要作品《社會學方法新規則》（1976），以及《社會與政治理論的研讀》（1977）標誌著他對傳統政治與社會學說的認知與批判，同時也顯示他擷取前人學說的菁華，俾建立自己的理論之開始。

1978年紀氏出版了介紹《涂爾幹》的小冊，次年又完成《社會理論的中心問題》（1979），可說是他反對功能論的宣言。最引起學界震撼的則為他企圖解構（deconstruction）馬克思主義的兩卷巨著：《歷史唯物論的當代批判》。第一冊副標題為《權力、財產和國家》（1981；1995再版），第二冊副標題為《民族國家和暴力》（1985）。這兩卷重要的作品可以視為紀登士對馬克思主義的重大批評，亦即不同意馬克思及其黨徒視歷史動力為階級和階級鬥爭，也反對經濟決定論，更不相信社會有其特定的目標（teleology），沿一定的軌道循序演進（洪鎌德1996b）。

事實上，紀氏早已把他的結構兼行動的理論應用到馬克思主義的批評之上。不過有關此一理論較為詳盡的討論則為《社會理論的精要與批判》（1982），特別是《社會的建構》（1984）。其後的作品為《社會理論與現代社會學》和文集《今日的社會理論》（1987），都是對現代社會理論的鋪陳與反思。有關當代社會的現代性之探討則為《現代性的後果》（1990）一著作❹。

最近的作品包括《現代性與自我認同》（1991），《親密關係的轉型》（1992），《超越左翼與右翼：偏激政治之未來》（1994）以及《政治學、社會學和社會理論》（1995）等等❺。

思想淵源與批判對象

古典社會學學說的長處與瑕疵

就像當代歐陸（哈伯馬斯、卜地峨、杜赫尼）與北美重要的社會理論家（帕森思、梅爾頓、米爾士）一樣，紀登士在建立本身的社會學說之前，深受古典與當代歐美學術思潮的衝擊。在認眞檢討與反思前人與當代的重要理論、概念、研究途徑之後，他進行了批判、篩選、重建的工作。

介紹紀氏學說的克萊卜（Ian Craib），曾以煎製蛋餅（omelette）爲譬喻，來說明紀氏建構社會大理論的烹調工作。紀氏知識上的飢餓爲對現代世界之社會變遷的理解。他要製造的蛋餅，不僅要有雞蛋，更有蒜頭、胡椒、鹽、水份等佐料，以及煎煮的火候之大小。主要原料的雞蛋便是19世紀以來的社會理論，但這些雞蛋並非個個新鮮可以食用，於是紀氏便要從諸蛋中精挑細選，只使用好蛋，而去掉壞蛋。再加上適當的佐料，便可以製出一個香噴噴可口的蛋餅來。

首先，紀氏反對將社會學理論的發展史做傳統的定性與定位。譬如他反對視韋伯與涂爾幹的學說爲科學的社會學，而視馬克思的理論爲前科學的社會哲學。這種分別對他是毫無意義的。同樣地把布爾喬亞的社會學拿來與馬克思主義的學說針鋒相對，也難爲他所接受。在《社會與政治理論的研讀》（1977）中，他不認爲涂爾幹只關心社會秩序的維護，涂氏也有激進的一面，從而可以說社會學的產生並非只在關懷秩序或穩定，也同樣重視衝突或鬥爭。

對於現代社會，古典思想家有兩種相互衝突的觀點，第一種觀點是把資本主義當成工業社會的一種類型，特別看重市場和國家的干涉。涂爾幹不認爲階級衝突是社會改變的主要機制。以消費的角度，而非以生產的角度來看社會，則階級並不存在。紀氏認爲這是19世紀古老的問題，在現代業已成爲明日黃花。當今的問題則爲國力的競爭，特別是武器工業化、軍事競爭對全球人類安全的威脅。

第二種觀點則爲馬克思主義的說法：集中在對資本主義的分析與抨擊。比較起前面的第一種觀點來，馬克思主義的學說較爲不受19世紀問題的困擾。原因是它對社會變遷的機制有一套說詞，所以能夠對新的發展有所解釋。不過馬克思主義的唯物史觀仍有其重大的缺陷❻。紀氏認爲資本主義乃爲發展工業化必須的條件。

社會科學中失效的主張

那麼被紀登士視爲壞蛋，而必須從理論的營構加以排除的學說究竟是什麼？粗略地說，有實證主義、功能論、歷史進化論幾種。實證主義接近自然科學，認爲社會現象等同於自然現象，必須靠理論與假設的提出加以檢驗，亦即對現象演變的規則和因果關係的確定，來解釋事象的來龍去脈。在《實證主義和社會學》一論文集中，紀氏鋪陳韋伯、舒慈等學者對實證主義之批評，認爲人類是能夠反省、思想的動物，一旦產生了人文與社會的知識，其行爲便有異於自然界的其他事物。是故社會科學成爲社會生活中的一股勢力，本身會左右社會的研究。社會科學不僅在解釋社會現象，其解釋毋寧更接近描述，也就是描述社會事象。

直到1960年代中，功能主義、或稱結構功能論已發展至巔峰，成爲主宰社會學理論的教條，這就是紀氏要抨擊的「正統的共識」（orthodox consensus）。原因是功能論本身便內涵實證主義的精神，它根本無法解釋社會現象，只能描述社會現象。它假定社會爲一類似生物的有機體，有它本身的需要，其構成的份子各盡其功（職）能，俾社會全體得以維持、繁衍（再生產）。這種理論的解釋是結構的，即社會的結構要求成員盡職（功能）。對此紀氏加以駁斥：社會本身無需要、無目標可言，社會學的關懷爲構成社會的成員，亦即行動者（個人、或群體）的行動及其採取行動的理由。

至於社會進化（演化）論也是紀氏批評的對象。進化論同實證主義，以及功能論都視人們的生活受到外在的社會勢力之指引與決定，都像自然一樣的朝著某一方向（目標）在演變。社會像生物體一樣爲生存與繁衍，不斷調整本身的功能，以「適應」（adaptation）外在變遷的環境，從而社會由一個型態演變成另一個型態。紀氏在《社會的建構》（1984）一書中指出進化論有四大危險：(1)單線發展；(2)同型壓縮，誤解個人的發展與社會的發展平行發展、同型並進；(3)規範性的幻想：複雜的社會比單純的社會先進；弱肉強食合乎進化原理；(4)時間的扭曲：時間的過往代表改變，也代表發展。這四大危險都應加以排除。換言之，進化論作爲解釋社會變遷的學說，在紀氏的心目中，是毫無可取的。

社會科學與人文思想中值得採擷的學說

克萊卜認爲紀登士在煎製他自己的理論大餅時，除了排除壞蛋，也揀用一些好蛋，並加上一些佐料。那麼他的好蛋是什麼呢？這包括語言哲學、理象學的社會學說，民俗方法論、象徵互動論、心理分析、詮釋學、後結構主義、馬克思主義，海德格時間理念和時間地理學等。

談到語言哲學，不僅有早期索緒爾（Ferdinand de Saussure 1857-1913）的語言結構分析，還包括英國傳統的分析哲學和維根斯坦（Ludwig Wittgenstein 1889-1951）的學說，特別是後者對於溫齊（Peter Winch）《社會科學理念》（1958）的影響。溫齊的觀點受到紀登士的推崇，前者指出語言所描述、傳達的理念就構成一般人的世界，除了人們所想所談的社會關係，我們再也不知社會關係究竟是何物。社會學者的職責爲對某一特定文化的「生活形式」加以理解。就像語言的使用一般，社會行動乃是「遵守規則」（rule-following）的作爲。所有人類的行動無異爲遊戲，而遊戲自有其規則（足球的規則、性遊戲的規則等等）的存在。在特定的文化中尋找左右社會行動的規則，是理解該文化，以及該文化中的社會行動所不可或缺的。

在1960年代企圖發展行動理論的社會學者紛紛向胡塞爾的現象學說乞取靈感，尤其是胡氏的學生舒慈所演繹的社會現象論，引起學界強烈探索的興趣。舒慈發展一套常識的、視爲當然（taken-for-granted）的知識理論，這套知識是由經驗建構起來的，人們的行動也立基於這套知識之上❼。

不僅是舒慈的社會現象論，就是嘉芬寇（Harold Garfinkel 1917-）的民俗方法學（ethnomethodology）也被紀氏所採用。民俗方法學不認爲社會學研究的對象爲社會體系或社會結構，而是人們在交談時所產生的一般觀念。社會結構和社會秩序並非存於世上的事物，而是人類所云所爲的產品。當人們在談話時，他們創造了一個穩定的世界，或至少爲一個穩定的世界加以合理化。吾人對自己的行爲常有一大堆合理化的說詞，在陳述這些說詞時，我們動用各種資源與方法。對這些資源與方法的存在，我們一向視爲當然，而不加究詰。社會界其實是吾人不斷創造與再創造的產品。人不斷在創作與「做」（doing），世界便由「做」裡頭呈現出來。

紀氏由民俗方法學發現反思（reflexivity）這一概念——世界就是由人們的行動之合理化敍述，亦即反思中建構起來。此外，他也認爲向來被視爲當然的知識，乃爲一種隱涵的知識（implicit knowledge）。紀氏分辨知道什麼與知道怎樣做這兩種不同的知識。後者就是一種隱涵的知識：只知其然，不知其所以然。由此以建立他有關行動者能知的理論，亦即每個行動者都對其所作所爲有所知悉的能力，儘管怎樣做，常是無法仔細道出，但卻懂得如何著手去做。

在《社會的建構》（1984）與《社會理論與現代社會學》（1987）兩書中，紀氏花費相當多的篇幅來討論郭富曼（Erving Goffman 1922-1982）的互動論。郭氏詳細剖析人們互動的細節，然後把人們日常處境的方式加以仔細解析。他關心我們平時同他人來往的表現技巧，亦即每人儘量去表演，俾能保證與他人交往的順利、正常。換言之，人們日常生活，以及與他人的接觸，極似舞台的演戲，這包括出場、表演和退場。例如在交談時，談話的夥伴必須輪流發言，也輪流聽話，否則這場對話戲就演不下去。他也注意社會互動的禮節形式，他稱之爲「框架分析」（frame analysis），亦即不計較圖像的內容，而注意框架的樣式，不關心演出的戲碼，而重視演技的表現。

紀登士在分辨自殺的類型時，採用了心理分析，俾瞭解不同種類自殺的意義。在其結構兼行動理論中，由於他要強調我們日常生活中「慣常的行徑」（routine）的重要性，從中尋找人們行動背後的安全感，遂訴諸心理分析的方法。在危機發生時，即慣常的行徑被打破之際，群衆可能退化至嬰兒時期，遂盲目擁護魅力領袖，接受其驅策，企圖克服危機。

與精神或心理分析學說相似的爲艾利生（Erik Erikson 1902-）客體關連的理論。這是涉及個人存在發展歷程的內在動力之學說，同時也是社會組織外在形式的理論，以及這兩項（個人與社會）如何發生關連的解說。在《童年與社會》（1977）一書中，艾利生把個人由生至死分成八個時期的心靈與社會之發展（洪鎌德1977b：101-108）。紀氏又借用其中第一階段，此一階段嬰兒學習怎樣來對他（她）周遭的世界加以熟悉與信賴。基本的信賴來自於奶水的充足、搖籃的溫暖和照顧者（母親、奶媽等）的撫摸。紀氏在《社會的建構》（1984）一書中，借用此一追求安適的概念，而發展他所說的本體論的安全感（ontological security），而強調稚幼年代的照顧、餵食，使長大後個人無論何時何地都能認同自己，而習於慣常的行徑以獲致安全感。

詮釋學是解釋說明的科學，目的在理解事物的意義。紀登士對詮釋學的注意係由於加達默（Hans-Georg Gadamer 1900-）與哈伯馬斯之間的爭辯。紀氏標榜其所創的理論爲「詮釋清楚、富有啓示的社會理論」（a hermeneutically informed social theory）。他還強調「雙重的詮釋學」是社會學理論或社會理論一個重要的側面。換言之，常人所解釋的社會界，與專家學者所解釋的社會界不同。社會學家所使用的概念、理論是建立在普通人所認識、所解釋的社會界之上。因之，建構與熟悉某一理論，就像學習與活用某一語言，是一種詮釋學的職務，也是一種實踐的活動。

結構主義強調結構對行動者行動的束縛與決定，因而行動者的主體性一再萎縮，最後變成社會只有結構，而無主體、無行動者可言。即便是承認還有行動者的存在，行動者也被看成是結構的產品，而非結構的生產者。索緒爾是語言結構分析的理論奠基者，他強調結構並不外在於個人，而爲個人活動的、內在的事物。索緒爾分辨語言（*langue*，一套約定俗成的語言系統）和言語（*parole*，個人在某一時空情境下所使用的某句話）這兩項不同事物，而影響了當代人類學、社會學、心理分析、歷史理念、哲學等思潮學說的發展（洪鎌德1997b:46－48）。

紀登士熟稔由語言結構分析，轉而侵入當代思潮的各種類型之結構主義。他對結構的看法雖非採自結構主義，卻以比擬的方式加以援用。但基本上他對結構主義接近現實主義的看法加以批評。像索緒爾無視人的實踐，卻賦予事物定義之間的關係，便爲紀氏所批判。所謂比擬的援用是視結構爲潛藏在社會體系背後諸元素與規律之綜合，是有意識的行動者藉實踐產生出來的（Craib 27）。

後結構主義（Post-structuralism）比起結構主義更爲偏激、更難以三言兩語來加以描述，它同樣駁斥傳統的說法，認爲行動者是行動肇始人。後結構主義所強調的爲現代社會生活意義的難以捕捉。行動者的自我是七零八落、不斷分裂的，以致潛藏在社會背後的結構也跟著消失，取代結構的是語言和意義的不斷變化（洪鎌德1996a：62-64；97ff.）。對這種說法紀登士深受吸引，以致在《社會理論的中心問題》（1979）中，它對德希達（Jacques Derrida 1930-）和克莉絲多娃（Julia Kristeva 1941-）的說法深表同感。蓋後面這兩位關心的是結構變化的過程，以及行動者不斷地由行動過程來建構其本身。換言之，紀登士雖批評後結構主義忽視行動者的社會實踐與結構過程息息相關，但他卻同意行動者並非持續不變的認同體，而是其認同體隨時都在發生解構與重構之中。

此外，紀氏也採用德希達在場與缺席的說法，以及拉坎（Jaques Lacan 1901-1983）結構的心理分析說來解說行動者、或自我。至於他的歷史社會學則援用傅柯(Michel Foucault 1926-1984) 的觀念，特別是後者視知識不僅是解放的力量，有時也是壓迫的工具。紀氏在描寫現代國家對百姓無孔不入的監控時，其觀念便是來自傅柯《紀律與懲罰》(1979，台灣中譯本名《規訓與懲罰》，台北：桂冠) 一書。

馬克思主義對紀登士的影響無過於青年馬克思對實踐的哲學之重視。至於中年馬克思曾經說：「人類並非按其喜歡創造歷史，並非在其所選擇的情況下創造歷史，而是在其直接碰觸，給予的，或前人傳承下來的情況下，創造歷史」(Marx and Engels *CW* 11: 103) ❽。這句話卻影響了紀氏一生的志業，包括演展出社會實踐論和結構兼行動理論。不過他仍批評馬克思的唯物史觀爲以階級爲主的經濟決定論。紀氏同西馬和新馬的關係頗爲複雜，也批評了法蘭克福學派第二代的宗師哈伯馬斯的學說，蓋兩人均爲當代大理論的頂尖人物，其王不見王的心態昭然若揭。

海德格的存在主義，討論了我們生活的意義，以及人與其週遭的關係。我們對外界的理念和知識是一種次級的構成體，目的在掩蓋那些令我們無法忍受的眞實和無可避免的境遇。這種對存有的本體檢驗，有異於我們從原初經驗所產生的知識。人類可以測知的時間似乎是存在於我們之外，而隱藏我們的眞實存在。換言之，時間是我們存在的重要面向，蓋人類爲時間的動物，時間會界定我們究竟是怎樣的一種人。我們周遭的環境就是我們的世界，也是可供分析的層次。人類的苦難乃爲未來操縱我們的死亡，而每個人都要單獨面對死亡。海德格認爲一個人眞正的性格就表現在他對於這宿命的認知，以及觀照。

紀登士重視時間影響了社會與個人的建構，這點顯示他受到海德格學說的影響。本體的時間與現象（可資測量）的時間之不同，加上空間的因素，使人們可以分辨不同的社會型態。他也討論到作爲符號或象徵的動物（人類的文字和理念），人類可以不朽，但作爲肉體的個人則必死無疑，這兩者構成了存在的矛盾，紀氏把海德格理論中存在的矛盾轉化爲社會的矛盾。

人文地理學中涉及時間與空間的地理學，也成爲紀登士烹製理論大餅的佐料之一。時間地理學和海格斯川（Torsten Hägerstrand）把空間的擴展過程視爲社會事象的更新有關。它對人群在時空中的移動產生解釋的作用。紀氏引用時間地理學，企圖爲社會體系的「製圖」（mapping）提供方法學上的基礎。

以上我們可稱是把影響紀氏學說林林總總的思想泉源作一簡單的介紹，以下便可直接進入紀氏的社會學說，特別是結構兼行動理論。

結構兼行動理論

化解行動與結構之對立

不只是社會學，就是其他的社會科學與人文學科，都面對著一個重大的對立或矛盾：究竟社會現象和社會生活是社會成員的行動者所造成的？還是社會的結構或結構的模式產生了社會現象與社會生活？換言之，行動者（actor）或行動體（agent）對抗結構（structure），導致這兩者的對立分開，和形成兩元（dualism）的鴻溝。如何克服行動者與結構之間的鴻溝，便成爲紀登士結構兼行動理論的目標。

此一新理論固然是由於紀登士把結構（structure）與行動（action）兩個字眼合併在一起，而鑄造了一個英語的新詞structuration，因而強調結構裡含有行動、行動中也產生結構，遂視紀氏爲兩種概念鎔鑄爲一個新名詞的首創人物❾。其實有很多社會理論家，也持同樣的看法，認爲行動與結構爲二而一、一而二彼此關連的一組共生體，只是他們未使用structuration這個字彙而已。

構成紀氏這個新理論的核心，無疑地爲他對「結構」這個概念的新詮釋，他強調要破除行動與結構的兩元對立（dualism），就要界定結構爲包括行動與結構兩層意思的雙重性（duality）。在《社會學方法的新規則》（1976）中，紀登士說：「談到結構的雙重性，我是指社會結構既是人類行動所建構，但同時它也是建構的媒介」（Giddens 1976: 21）。要之，結構的雙重性成爲紀氏結構兼行動理論的核心，可是行動與結構畢竟是兩樣東西，如何能夠轉化爲一體呢？於是他找出一個既能包攝行動，又能涵蓋結構的東西，那就是人類的社會實踐（social practices）。透過社會實踐，人不但有所行動，同時也鑄造了社會結構。由是行動與結構造成社會實踐一體的兩面。

行動（agency, action）

紀登士在《社會學方法的新規則》（1976）一書中指出：「社會學所關注的並非早已存在於宇宙中之事物，而是關注那些由於主體的人類所產生、所建構的客體物」。此外，他又說：「社會的產生與維持主要應當看作是其成員技巧的表演（skilled performance）」（Giddens 1976: 160）。由是可知行動和行動者成爲社會學所關心的主要目標。

行動因爲涉及正確的與錯誤的方式，亦即可以行動、也可以不行動，因之，行動的本身並非完全被決定，也不是一成不變。當我們談到某一行動時，它涵蘊的不只是做出來的行動，也包括未做出來、想做的另一行動之可能。行動根源於行動者對本身及其周遭的知識，以及採取某些方式，遵守某些規則的行爲。行動的一個重要特色爲它具有改變環境（外在世界）的能力，行動也是一種遵守與改變規則的活動。因之行動包括了改變的、傳達的和規範的面向。

行動不僅造成行動者所欲的結果，也造成了非其期待、非其所欲的結果。例如我在寫這篇文章時，便無法同時去打掃房間。打掃房間的工作由我的妻子去做，這就是我寫文章所造成的非我所欲的結果。站在功能論的角度必然指出家庭是一個體系，構成家庭的夫妻是成員，成員各有其角色與職能，我寫文章，妻子打掃房間成爲維持這個家庭體系各司其職的功能。換言之，我所不欲，所不期待的結果，是由家庭體系的分工合作來吸收去。但紀氏反對功能論，就不認為非所欲的結果與體系有關，反而是行動造成的結果。

行動是一種不斷的流程，其展開常是在行動者未必完全確認的狀況下開始的。行動的動機是行動者的欲求（want）。行動有時需要加以解釋，加以合理化（rationalisation）。再者行動隨時都會被行動者反思、監視、檢討（reflexive monitoring）。把上面這些因素繪成一個圖表，可得圖一：

圖一：行動＝遵守規則和對外界干預的活動

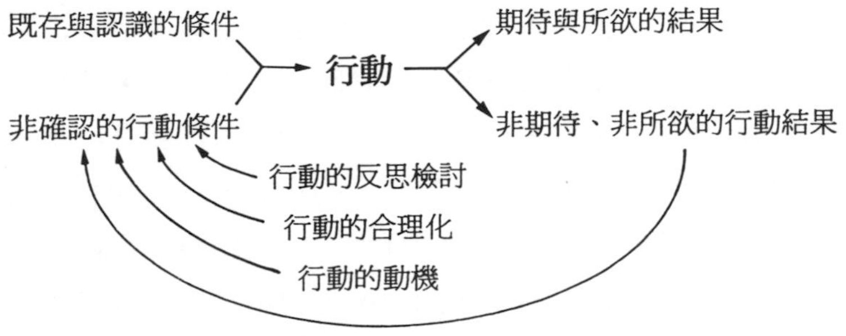

資料來源：參考J. B. Thompson 39和Giddens 1979：56；由本書作者重加繪製。

行動者（agent, actor）

行動者是引發（initiate）行動，自主的（autonomous）個人或群體。行動者本身並非一個始終同一前後不變的認同體。紀氏以階層化（stratified）的觀點來看待行動者，也就是說行動者至少是由三個層次所組成的。這有點像佛洛依德分辨本我（id）、自我（ego）與超我（super-ego）。在最低的層次常是行動者不加意識的或非意識部份。這部份便是促成行動者引發行動的動機，是行動者的「欲求」（wants），這是涉及行動潛勢力的部份，但非行動的本身。有異於佛洛依德，紀登士不認爲人們是受到「欲求」的驅使，原因是人們的欲求頗多，並非每一個欲求都會付諸行動。

紀氏引用民俗方法學和現象學的社會學底理論，強調行動者對其處境，與採取行動有所知曉，有所意識（儘管不是巨細靡遺、徹底的認知）。這一層次的行動者乃爲擁有能知（knowledgeability）的行動者。原因是人們在日常交往中能知怎樣待人接物，能知怎樣拿捏分寸，特別是知道怎樣去實踐，怎樣去做才會中規中矩。這一層次是屬於實踐的意識層次。

在實踐的層次之上，紀氏提出人們對自己的行動有審視、監督、反思、描述的能力，特別是使用語言去描述和解釋行動的意義。這一有意識的層次，紀氏稱爲言說的（discursive）意識。要之，實踐的和言說的意識之間並沒有嚴格的分辨界限，兩者常混爲一起，不易區隔。

紀氏說行動者除了具有知識，也懂得運用資源（resources）去引發行動之外，行動者還會隨著慣常的行徑（routine），去獲取內心的平安與自信，這就是他所說的「本體論的安全」（ontological security）之原因。每個行動者就像自我一般，避免限於自我認同失落的危機，隨時反思本身的存在及其周遭世界的繼續安在。這就像嬰兒在襁褓期，由於母親或奶媽的細心照顧，而獲得安全感一樣。

圖二：行動者

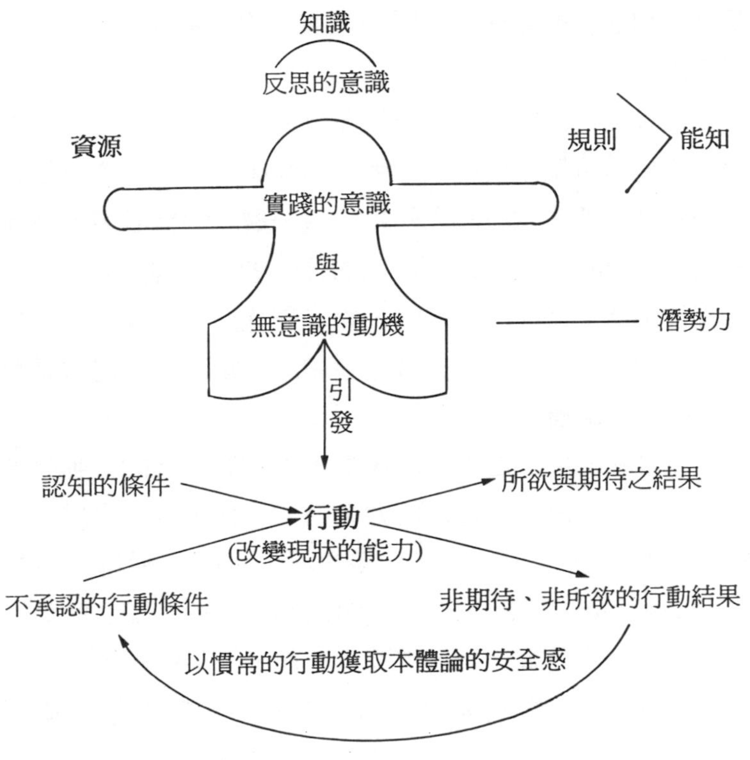

資料來源：綜合Giddens，Craib，Thompson的解說，由本書作者自行設計。

結構 (structure)

在敍述紀登士怎樣看待結構之前，先說明他不贊成結構功能論和馬克思主義者的結構論對結構所下的定義。原來這些流派都把結構當成外在於行動者的事物，甚至視這些外在的事物對行動者產生束縛、決定的作用。其次，紀氏不同意功能論者視結構是互動體系的典型。對他來說每一體系都有其結構和結構特徵，但不能把體系同結構劃上等號。

結構既然存在於社會體系和社會互動體系當中，其存在是離不開行動者的社會行動。結構與行動的關係，類同語言和言語的關係。語言是一套字彙、文法、句法合組的體系，言語則爲使用者在特定時空中所說出的某句話（這句話要有意義就必須符合語言的各種規則，否則便是一句空話）。紀氏雖然不認爲把社會當作與語言相似，但卻認爲以語言與言語的關係來比擬結構與行動的關係，有助於吾人理解結構爲何物（Giddens 1976: 118-119）。

正如一位講話的人由一大堆的語言倉庫（字彙、語法、句法、語勢等）中，即語言的結構中，說出一句話（言語），行動者也由社會體系、社會結構中，作出某一行動，這就是把結構「轉化成例子」（instantiate）。換言之，語言的結構只存在於說話者的言語中，同樣社會的結構也只存在行動者的個別行動裡。說話與行動都是透過「轉換的規則」（rules of transformation）把倉庫中有限的原料轉化爲無限的產品（各種表達的方式、各種行動的種類）。

上述這種關係旨在說明語言無法脫離言語以自存，同理結構也無法脫離行動而自存。結構非外在於行動者身外之物，它有時固然可以束縛行動者，有時卻幫助行動者去完成行動。易言之，紀登士認爲結構對行動者既有束縛作用，也有協助或促成的作用，這點是與結構論者視結構對行動者只有限制、束縛等負面功能大爲不同的。

紀登士反覆地申說結構有其實際的存在，這種實際的存在仰賴其「虛擬的秩序」（virtual order）。他說

> 把結構視為牽連到「虛擬的秩序」……意涵承認下列三項事物之存在：(a)憑著個人的記憶，社會行動者知道事情該怎樣做，怎樣說，怎樣寫，這種日常生活的知識是存在的；(b)由於上述實際知識的反覆引用，而造成社會實踐之存在；(c)造成這種社會實踐之能力的存在（Giddens 1979: 64）。

結構是受著衆多行動者的行動與互動所建構的，本身也提供給衆多行動者展開其行動與互動的媒介（方便），這就是前面所提及的結構的雙重性。既然結構與行動以及互動都是行動者社會實踐的一體兩面，則結構也可以解釋爲規律與資源。規律就是規矩、規則。社會上涉及行動的規律、規則和規矩，要比一般體育、運動或遊戲的規律、規則、規矩複雜得多。紀氏分辨知道規律是什麼，以及知道怎樣來把規律說明出來這兩項的不同。換言之，一般人習焉不察，只知其然而不知其所以然。規律有兩個側面：

一方面建構意義，另一方面獎懲和約束行爲（sanction對行爲之同意或制裁）。

至於結構也涉及資源這點，是因爲社會結構本身會提供方便的措施，讓行動者去改變其境遇，去展開行動。紀氏分辨對事物的利用之配置性（allocative）資源，以及對人的管理的權威性（authoritative）資源。依他看來隨著這兩種資源應用的大小，顯示社會型態的不同。在封建主義的社會中權威性資源扮演重大的角色；反之，在資本主義的社會中配置性的資源顯示特別重要。

由於紀氏不把結構當成物化的、外在於人的、固定不變的事物，而是隨著行動者行動的變化，而擴張或萎縮的規矩與資源，因之，他乃把時間和空間也引進結構的探索裡。他批評向來的社會學家和社會理論者對時空的忽視，以致無法彰顯社會體系在時空中變遷的意義，也把同時性與異時性混爲一談。事實上，社會學與歷史學和地理學之間不存著學科的界限。這三門學科都應該融合在一起才對。

紀登士說：社會的互動所形成的體系是一連串的過程，即結構兼行動的過程，這些過程牽涉到三項因素，其一爲意思的溝通，其二爲權力的行使，其三爲對行爲的估量（Giddens 1976: 122）。與此三項因素相對稱的爲結構所呈現的三個層次。在行動的屬性中湧現的爲三層主要的結構：即指意（signification）、宰制（domination）和合法化（legitimation）的結構。指意結構在使行動者得以傳情達意進行溝通，其模式（modality）爲「解釋的架構」。這是在溝通中人們爲了彼此的瞭解所引用解釋的工具，這些是從指意結構中產生出來的。

至於宰制的結構，是涉及行動內在的改變環境之能力。蓋任何行動都是對外界的干預。要干預就必須擁有本事、擁有權力，牽涉到參與行動的人彼此權力大小的問題，其模式爲「方便的設施」（facility），也就是爲達成行動者的意願，而產生影響別人行爲的資源。

第三層即合法化的結構，是從行動的規範性側面所產生，其模式爲社會的規範（norms）。綜合這三層結構，我們可以得到圖三：

圖三：結構與行動之關連

	指意	宰制	合法化
結構	指意	宰制	合法化
中介模式	解釋架構 (語意規則)	方便設施 (資源)	社會規範 (評價規則)
行動(互動)	溝通 (傳情達意)	權力 (改變外界的能力)	社會制裁 (獎懲、臧否)

資料來源：參考Giddens 1976: 122和Giddens 1979: 82；由本書作者重加修改。

要之，紀登士認爲社會結構是存在於社會行動與互動當中，行動與結構都是社會實踐一體的兩面。以下我們再解釋社會實踐。

社會實踐（social practices）

所謂的社會實踐就是引用資源、遵守規律、依循慣常的途徑，而改變境遇的行動。人們的活動都是社會實踐，其所以依循慣常的行徑在於使行動者的行動不致離經叛道，也在於使他（她）獲得行動的信心，亦即上面所述及本體論的安全。行動者對其處境與行事擁有認識、瞭解的能力。當然在引發行動時，也有一些行動者所無法掌握、承認的條件（這正是馬克思所言在非人類選擇的、喜歡的情況下進行歷史的創造），而行動的結果未必都只有預期的、所欲求的結果，行動常也產生行動者非期待、非意願的行動結果。

社會實踐是一種業已定型化（patterned），而且反覆出現（recursive）的人類行動。社會行動的反覆出現不啻爲社會實踐的再生（reproduced）。在時空的脈絡（context）上，社會實踐的反覆出現，必然會沈澱（sedimented）而成爲制度（institution）。是故社會實踐乃爲制度化（institutionalised），並具有脈絡性格（contextual）的行爲者。如此一來把結構和行動加以結合的就是社會實踐，我們以下圖來表述：

圖四：社會體系中的制度化實踐（結構的雙重性）

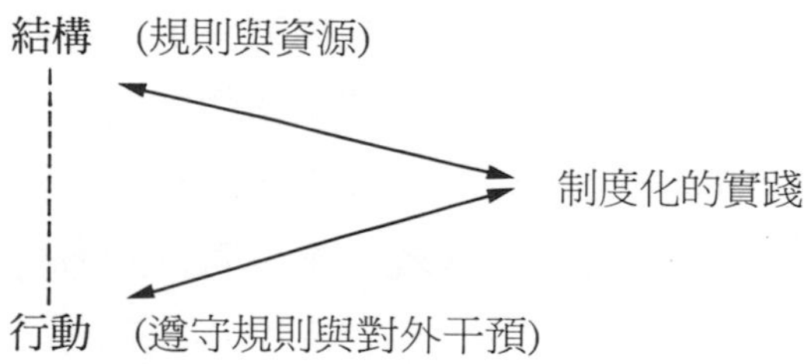

資料來源：參考Giddens 1990: 301；由本書作者稍加修改。

不管如何，行動者在行動之前的意願與欲求，常是無意識的。一旦行動展開，則行動者知道怎樣去做，這便是實踐意識發生作用。行動者進一步還會不斷檢討行動，為行動進行辯解、合法化，亦即以言辭來分析與描述他（她）的行動，這便是行動者言說的意識在發揮作用。

行動者與其他行動者的交往、互動（相互的行動），形成了社會體系、社會制度、社會組合（associations）、社會組織和社會運動，這些社會現象和社會生活都是在時空的場域上顯示出來，這是與時空綁在一起（binding time and space）。很顯然，紀氏分別社會體系與社會結構的不同。社會體系是社會互動受到規定的型式（regularised pattern），它牽涉個人與群體之間的互動。社會體系不同於社會結構，前者為人物（行動者）、事件（互動）、時間與空間（脈絡）的組合，後者是內存於社會體系中，卻超出人、事、時、空的因素，而成為規律和資源的組合體。換言之，社會體系不只是有其結構，它還是透過規律與資源，而被結構為體系。

在社會體系中，行動者在時空軸上佔有一定的地位，因之，每個行動者與其他行動者，乃至整個社會體系的聯繫，便由他（她）在時空軸上的地位來決定。每個地位都包含有指意、宰制和合理化這三種結構的層次之交叉，從而在社會關係的網絡上，可以讓行動者的自我認同得以定性與定位。紀氏這種說法與傳統社會學對行動者的角色認定有相似之處。不過紀氏與傳統角色理論不同的所在爲：不認爲角色是「給與」（given）的，而是行動者在社會實踐中反覆產生與再產生的東西。

在較長的時間裡與較大的空間中，社會實踐透過資源和規則的經常援用，逐漸累積沈澱而形成制度。所以制度乃爲社會實踐的落實，也是由實踐所建構的社會體系。按其中介模式（modalities）之輕重（優先次序），我們可以分辨下列的各種制度：

S–D–L 象徵性秩序／言說的形式（思想、觀念、意識形態）
L–D–S 法律／獎懲的形式（法律、宗教與道德制度）
D（權威資源）–S–L 政治制度
D（配置資源）–S–L 經濟制度

S代表指意（signification），D代表宰制（domination），L代表合法化（legitimation）。在意識形態（觀念思想）方面指意比宰制和合法化更爲重要；在政治制度中權威的資源所形成的宰制，重於指意，也重於合法化。在經濟制度中，配置資源所形成的宰制，重於指意，也重於合法化。至於法律、道德、宗教制度方面，則是具有獎懲意味的合法化重於宰制，也重於指意的結構。

要之，我們又可以用圖五來把紀登士的結構兼行動理論中主要的概念結合在一起。其目的爲企圖藉此一圖五把紀登士結構兼行動理論主要的概念及其位置、關係表明出來。其中，社會遭逢的慣常行徑（routinisation）前文已有敍述，至於「區域化」（regionalisation）未加說明，在此做一補充[10]。

所謂社會遭逢的「區域化」，是涉及空間地理學的概念。人類的社會互動既然展現在時空脈絡上，特別是人常活動的地盤（locales）之上。因之，紀氏指出「地盤是涉及空間的利用，是提供給互動的環境（settings），這個互動的環境轉過頭來特別標明它的『脈絡性』（contextuality）」（Giddens 1984: 118）。地盤就是人活動的空間，也是社會典章制度展示的場域，有了場域的存在，使社會互動、人的慣習行徑容易產生。地盤透過時間的規定，便告區域化（regionalised）。行動者與行動者之間的現身（presence -availability），固然是身體的同時同地出現，也可以用電話、電視而相互溝通，這都是拜社會區域化之賜（Craib 70-71），如圖五所示。

紀登士其他的社會學學說

紀登士對了演繹大理論之外，也綜合其他社會學理論，企圖對世界發生的事件與境況加以理解和作出說明。這一部份仍然以理論的闡發爲主，以經驗研究爲輔。

紀氏的理論之特徵爲反對以單一的、簡單的看法來理解社會的發展，也反對以靜態的、物化的觀點來分析社會。他不認爲英美「先進的社會」可爲其他社會發展的模範，原因是發展的途徑各不相同，而階級在各個社會扮演的角色也有殊異。把階級以及階級鬥爭當作歷史變遷的動力，是無法爲他所接受的。階級只是人際的關係和過程，階級的重要性是一項經驗的情況，有待學者的發現與認定，只有當階級足以牽涉到解釋社會行爲，亦即變成社會的結構

圖五：結構兼行動理論各要素之關連

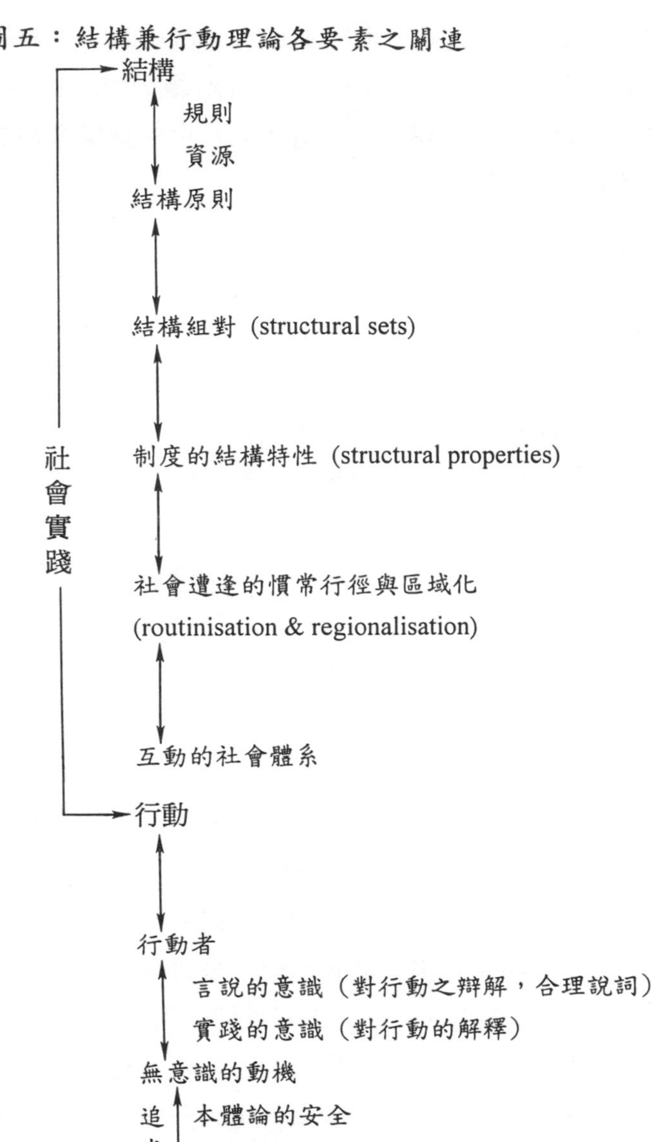

資料來源：J. H. Turner 971；經本書作者略加修改。

原則時，吾人才能說這是一個階級社會，例如資本主義的社會。資本主義之外的其他社會則為階級分化（class-divided）的社會，雖有階級之存在，但社會的結構原則並非以階級關係為主軸。

階級與權力

紀登士認為馬克思和韋伯對階級的界定都不很妥善，都以靜態的觀點把階級當成事物，而非變動的關係看待。馬克思先以私產關係界定階級，其後視階級為社會上對抗的勢力，這便是由簡單而趨向複雜的階級觀；反之，韋伯則以地位、權勢、利益來界定衆多的社會階級，這有把階級由複雜趨向簡化之嫌。為此，紀氏指出階級為：「個人們大規模的結合，結合不繫乎私人之間可以指明的關係，而在於形式上可以開放之關係的組成」（Giddens 1973: 101）。凡具有不同的私產與交易（市場）能力者，都有被「結構」為階級之可能。

紀氏以「中介的」（mediate）和「接近的」（proximate）結構兼行動（structuration），來建構階級的分化。所謂中介的結構兼行動是牽涉到一些因素，這些因素干涉了市場能力和階級的形成。換言之，社會的流動（social mobility），不管是擁有私產，還是透過教育，都會影響階級的形成。至於「接近的」結構兼行動則牽涉到「地盤化」（localised）的因素。這可分成三部份：第一、生產部門的分工，例如機器的操作，與人事的管理，使工人與職員形成不同的階級；第二、權威的關係，此涉及了分工重疊，例如職員被視爲比工人更具權威，於是職工兩種階級就形成；第三、消費的型態，這是以收入分配和消費行爲之不同，而塑造不同的階級。

除上面之外，也有結構發生的因素（structuring factors），造成了社會出現不同的階級。要之，在資本主義的社會裡，有三種（上、中、下）階級。每一階級擁有階級感知（包括生活型態、品味高低）、階級意識（對峙、衝突的意識）和階級鬥爭（對抗的、革命的意識）。

談到有無統治階級時，紀氏的說法是：上層階級的菁英就是人們口頭上的統治階級，這是藉由社會流動或陞遷之「中介」，也是由於成員「接近」之相互聯繫，而崛起的權力群體。從該群體開放性的程度和結合的大小可以分成不同的類型，這也牽涉到權力穩固與擴散之大小。在階級與階級的權力關係中，紀氏發現馬克思使用的剝削理論，只限於勞動剩餘的搾取未免太褊狹。事實上，剝削不僅是剩餘價值的搾取與佔有，也涉及上層階級對中、下階級生活機會之剝奪，例如剝奪他們獲得某種的市場能力、交易能力，升遷的機會等等。

專制國家和民族國家

紀登士在《歷史唯物論的當代批判》，第一卷（1981）與第二卷（1985）中都討論了國家在歷史上與現代的重要性。專制國家爲君王擁有最終的政治與軍事控制之國家，即暴力手段集中在專制君王手裡的國家。儘管他不願意把現代國家的生成，追蹤到從封建主義的專制國家所演變而來，卻把專制國家當成傳統的國家之一種來看待。在比較傳統國家與現代國家之不同時，他指出現代性（modernity）具有突變而不連續的性格（Giddens 1985: 83-84）。

歐洲封建主義下的國家，逐漸發展成金字塔型上下統屬的社會，君王在國界內的權力穩固有利於領土的擴張。領土國家之間的協議，不僅可以規範彼此的關係，也促成權力的均衡。在彼此對其人民與領土管轄的合法性之尊重，使國家成爲能夠反思監控的體系。19世紀配合有效控制的手段之產生，「國界」即所謂自然的國界之觀念也告湧現。

君權神授的說法逐漸讓位給世俗化統治的現代政府之觀念，同時民權與公民的理念也勃興。新的因素跟著出現：

1. 行政權力的集中與擴散，使王室同社會各種團體組織碰觸，而有利於工商業的展開；
2. 法律制度之發展，促成人人在法律之前平等。羅馬法之復用，使私產和公共資源分開，囚禁也成爲懲罰的重要手段；
3. 財政管理形式之改變，這是由於大規模戰爭的爆發，需要大量的資財之挹注所引起的。爲了發掘財源，各國賦稅制度紛紛建立。

外交活動與戰爭的頻繁改變了專制國家及由此脫胎的民族國家之形貌。其中軍事發展所牽涉到的武器技術之改良、軍隊行政管理之提昇和歐洲海軍勢力之擴大，都影響深遠。特別是各國常備軍的建立標誌著國力的穩固。同時暴力手段由剝削階級移往國家，使勞動者不必靠著暴力的鎮壓，而藉著「自由的」契約之簽訂而俯首聽命、認眞勞動。

紀登士把民族國家的發展分成兩個時期：第一個時期爲16世紀至18世紀末，爲專制國家與資本主義崛起的初期；第二個時期，則爲民族國家同工業資本主義的結合。第二個時期中又分成兩個階段：先是土地和產品的商品化，其次爲勞力的商品化。

傳統國家的城市與現代社會之都市有所不同，現代都市不再是可資區別的單位（實體），而是一種被創造的環境，「其中自然的改變乃是時空商品化的表述；現代都市爲所有社會行動的境遇（milieu）」（Giddens 1985: 193）。都市成爲民族國家的區域化（rigionalisation）日益明顯：

1. 現代民族國家在國界內也呈現區域化現象，一爲核心地帶（都市）、一爲邊陲地帶（鄉下、未發展地區）；
2. 國家內部工業分佈狀況，和各種產業分工的設計；
3. 區域不同人口的分佈與集中；
4. 鄰居（社區）和地盤（locales）之不同分佈。

由於軍事與工業的結合（軍火工業化、武器的工業生產與商業管理及銷售等）、國家行政權的膨脹、以及特殊的歷史發展等三種因素，使現代民族國家的發展無可阻遏

（以上參考Craib 84-89）。

紀氏認爲現代社會爲民族國家、資本主義和工業主義（industrialism）三合一之產品。除了英國較爲先進之外，其餘歐洲的民族國家都是在19世紀與20世紀初葉，由於時空的緊縮與合致（現代交通、通訊之發達），而出現的新現象。民族國家並非民族情緒高漲的產品，而爲「確定的領土範圍內行政機構的統一」（Giddens 1981: 190）所促成。換言之，先有領土國家與民族國家，然後才能產生民族主義。

資本主義和工業主義

紀登士談及馬克思主義者與工業社會理論者的爭論。馬克思主義者視工業主義爲資本主義的結果；反之，工業社會理論者則視資本主義爲工業主義發展的一個階段。紀氏則認爲資本主義爲工業主義產生的必要條件，但兩者各有其獨特的性質和面貌。透過馬克思與韋伯的分析，他指出一個資本主義的社會有下列的特徵：

1. 資本主義乃爲一種貨物與勞務生產的主要形式，社會受到經濟發展的重大影響；
2. 由於經濟圈的獨特存在產生了政治與經濟的分化；
3. 這種分化的基礎在於私產的存在與尊重；
4. 私產與經濟之結合影響了國家的性質；
5. 資本主義國家和資本主義社會之合致。

至於工業主義之特徵則有下述幾項：

1. 在生產與流通當中，使用了非人力、非畜力的動力來源（煤、電、核子等）；
2. 生產和其他經濟過程的機械化；
3. 製造業的生產以上述(1)與(2)結合爲主。透過慣常的行徑之協調管理，使貨物生產形成一種源源不絕的流動；
4. 在協調管理當中，生產的進行有賴一個集中的工作崗位在指導。

在追求利潤時，資本主義具有機動的性質，它使經濟轉型與擴張；但工業主義則沒有像資本主義這樣擁有機動的活力。在資本主義的社會中經濟與其他制度之間存有密切的關連與分辨（articulation構連）⓫；但在工業主義中則無此關連與分辨。資本主義的社會所以會形成一個社會是由於民族國家誕生的緣故，這種國家在歐洲的產生與發展，完全繫於資本主義、工業主義和官僚體系之結合。資本主義和工業主義彼此之間選擇性的類似，是由於前者擴張的驅力，以及將勞動力加以商品化，再加上工作場所中行政權力之擴大的緣故。

現代性的研討

紀登士除了討論現代社會的極權主義（或稱全體主義）之外，亦即指出國家藉警察的威權、軟硬兼施的手段，以及魅力領袖對群衆的控制方式，對百姓身分資料的登錄和人身的監視之外，也探索民族國家戰爭之關連、民族主義、意識形態、以及寰球的體系。他更關心現代性（modernity）的問題（黃瑞祺1997:287－311）。

他對現代性的看法是認爲現代性仍在持續開展變遷中，尙未到蓋棺論定，進入「後現代主義」之時。過去討論現代主義或後現代主義者都只涉及哲學與文化，鮮少以制度的基礎來析論現代性的問題。

紀登士在《現代性的後果》（1990）一書中，談到現代性是現代世界一種獨特的現象，是社會變遷一個非連續、突變的異例。造成現代社會這個突變，是由於變遷速度的過快與變遷範圍的過大。像民族國家這種特殊的政治制度之崛起，就非人類早期歷史曾經有過的經驗。這種重大而急速的社會變遷，除了韋伯之外，無人見到其弊端和負面影響——生態破壞、極權主義、核子毀滅等等。過去大多數討論現代性的學者都讚賞現代造成人類生產力與組織力的擴大，而未曾留意其破壞、災難的另一面，如今的社會學家必須以正反的角度來衡量現代性的後果。

要瞭解由傳統邁向現代，就要從時空的改變入手。在過去，時空是結合在一起，一提起事情的發生，除了指出何時，便會問及何地。但鐘錶的發明，便把時間從空間中拆離，時間成爲單一形式的，也成爲抽象的測量之標準。現代社會把時間和空間分開，而且讓它們各自成爲抽象的、衡量的標準。其結果現代的社會關係、社會生活脫離了時空的脈絡，成爲離根的飄萍，沒有脈絡的事件，這便是「脫離所本」、「失本」（disembedding）。導致脫離所本與失本的兩項機制，其一爲貨幣、其二爲專家體系。

貨幣為交易的通貨，不論何時、何地、何人只要擁有它，便可進行交易。專家體系則是指現代的社會生活完全靠專家來維持其運作：求學靠老師、生病找醫師、興訟求律師。一個生活在現代社會中的人，本身不必擁有生活全部所需的知識與技能，而仍舊可以活下去，便是靠著這種專家體系提供的服務。

為了理解現代性，紀氏也引進「信任」一概念。現代人必須信任像貨幣之類的象徵性兌換卷（symbolic token）之存在，也必須信任專家體系的運作。他說：

> 信任可以被界定為對一個人、或一個體系可靠性的信賴，在涉及某些既存的結果或事件，信任表現為對他人的關懷，以及對某些抽象原則的正確之信賴（Giddens 1990: 34）。

對紀氏而言，信任不含時空的因素，在沒法掌握全部訊息時，現代人有必要靠信任來生活。由於現代生活與偶然或偶發事件緊密聯繫，人們有必要對可能發生事件的可靠性加以信賴、加以信任，這也是由於我們對外界的知識是靠薄弱的推論而得之緣故。換言之，在現代世界，信任存在於對外界有限的知識。我們知道外界並不靠神明的指引，而是靠人群的活動所構成的，既然是人群的活動，而非神明的指引構成現代世界，那麼我們的信任不能建立在幸運之上，而是多少建立在對冒險的承認之上。由是可知冒險和信任成為現代人行事不可或缺的基礎。

現代人行為的一個特色就是行動中不忘反思。在現代社會中，人的行動仍舊離不開慣習的行徑，可是慣習的行徑與過去的社會實踐並沒有內在的糾結。反之，則是隨著新的訊息之獲取，現代人不斷在修正其行動和實踐。特別是社會科學的知識之增加，對人群行爲有很大的影響。不過使用社會科學知識也有些限制，這種限制牽連三個方面：第一、隨著權力的分配，知識可能被當權者所壟斷、所濫用，而增加社會部份而非全體的利益；第二、知識的改變，也會改變價值，從而影響了知識運用的方法；第三、行動會產生非所欲、非期待之結果。

近年間研究現代主義與後現代主義的理論家，曾經指出啓蒙運動爲它本身埋下毀滅的種籽。對此紀氏也持有相同的看法。原因是現代性的反思導致人們對科學的進步持懷疑的態度，也究詰知識的相對性，甚至人們認識到知識並無保證其萬無一失的基礎。產生這種懷疑的態度並不表示已出現新的社會形式、或新的社會類型，而是現代性的繼續與邏輯的結論。認識到現代知識缺乏穩固的基礎不啻爲「現代性回過頭來理解它本身」（Giddens 1990: 48）。這是現代性走向偏激之途。

現代性變成偏激的觀念，必然會導致下列的結果，這是紀登士所說的：

> 進化論的消解、歷史目的論（teleology）的失蹤，徹底的、建構性的反思之承認，以及伴隨上述而來的西方優越地位的煙消雲散（Giddens 1990: 52）。

當後現代主義的理論家以認識論的觀點來討論後現代

的主體與客體之對立的消除，主體的消融、支離破碎化（去中心）之際，紀登士卻關心制度的發展，造成現代社會的零碎（fragmentation）與零散（dispersal）。事實上，現代性激起新的矛盾：一方面爲零碎與零散，他方面又促成寰球的統合。他認爲在現代社會中自我不只是由言說（discourse）所構成的主體，原因是自我會反思、會不斷地自我建構。他認爲眞理之具有寰宇性，不容完全否定，而人類仍舊可以產生有系統的知識，爲了對失本的社會關係重加檢討，並認爲這些社會關係只要落實於時空中就有「復本」（reembedding）的可能。

在談到現代社會時，紀氏指出這是一個時空距離化（time-space distantiation）高度發展的社會。在此社會中，信賴、或信任建立在下列之基礎上：(1)身分關係（夫妻、夫子、親屬、朋友等等關係）；(2)超越時空抽象的體系（政治制度、教育制度等）；(3)未來的與事實相反的（counterfactual）想法。什麼是與事實相反的想法呢？這是指未來各種發展的可能性當中，只有一種將成爲事實，其餘未付諸實踐的念頭則變作想像的、非事實的行動。對這種行動的想法，謂之與事實相反的想法。各種想法是結合過去與現在的行事及其情況，因之，與事實相反的想法也有其值得重視的所在。

上述第(2)項抽象的體系爲現代社會提供相當多的安全保證，但對身分的和親密的關係也有所改變。在現代世界中身分的信任變成一項需加以認眞思考和付諸行動的工作，亦即人們需要開放自己給與對方，才能贏取信任。在此情形下，個人又要開始追尋自我，也追求完成某項事物，贏取成就感。是故現代社會仍離不開自我的認同與成就的追求。

結論與評估

紀登士在檢討了社會學的傳統與現代理論之後，發現社會學既非自然科學，也不是哲學（非科學），而是一門對其研究的對象進行反思的特種科學。社會科學碰到雙重詮釋的問題，亦即遭遇「意義的雙重架構」。一方面是普通行動者所建構的有意義之世界，另一方面是社會學家、或社會理論家對社會的理解與解釋（Giddens 1984: 374）。換言之，在社會現象方面，理論家必須既要解釋常人對世界的看法，也應該解釋專家的說辭。

可是向來的社會學理論都陷於主觀與客觀的對立，巨視（宏觀）和微視（微觀）的對立，以及行動與結構的對立，這類二元的思考之窠臼中。爲了跳脫這種二元思考的陷阱，紀氏營構了結構兼行動的理論，將結構與行動歸結爲社會實踐的一體兩面，這是他理論重大的成就與非凡的貢獻之所在。

紀氏藉由近數十年來流行在歐美學界的語言結構學說，把結構和行動的關係比擬爲語言與言語之間的關係。所不同的是他（有異於索緒爾、列維·史陀和詹士基〔Noam Chomsky 1928-〕等人的看法）無意把社會現象歸結或化約爲語言體系，而是注意到語言和社會兩者的類似與交叉關連，特別是行動者、或主體對社會結構改變的那一部份。這一部份不啻爲一種人的創意、人的主動能思的部份（創造力）（Giddens 1987: 79）。

正如前言中所提起的，紀登士已突破通常社會學的框架，而發展爲社會的理論。他對社會的理論與研究涉及三項的指導原則：第一、由於社會學說與理論牽連到常人與專家對社會生活的雙重詮釋，因之，社會理論是以人的見解爲中心，亦即採用人類學的取向；第二、在注重制度與結構的研究之同時，社會研究者應該對行動者的能知、知道、技巧具有更大的敏感。須知行動者對其境遇中日常的行爲十分瞭然，其應對的方式也熟知能詳；第三、社會工作者必須體認社會生活少不掉時空的因素，時空對社會有建構的作用。因之，不要把時間交給歷史學家去處理，也不要把空間讓給地理學者去關心，而是熔冶社會學、歷史學和地理學於一爐。

如此理解的社會理論，絕非靜態的、物化的理論，而是與時勢共推移，不斷反思、監督、檢討，而具批判作用的社會學說。事實上，紀氏認爲社會學是一門歷來便傾向於把意識形態加以瓦解的學問，也是「消除主宰的群體、或主宰的階級把其部份利益當成整體利益的企圖」之學問（Giddens 1979: 6）。由是可知紀氏之結構兼行動的理論，就像法蘭克福學派一樣，深具批判的力量。所不同的則是後者爲批判理論家提供批判的道德基礎，而前者則不具任何規範性、道德性的批判基礎。

正如紀登士夫子自道，指出結構兼行動理論是三種社會傳統的結合與超越，亦即哲學與社會理論三種來源

——闡釋學（或稱解釋的社會學interpretative sociologies）、功能論和結構主義—的取長補短。這三種學說各有其長處，儘管每種學說也有其侷限（Giddens 1981: 26）。爲此他對其批評者和反對者，指摘其學說是前人各種理論的拼合折衷（electicism），表示無法接受⓬。事實上，結構兼行動理論是擷取各家之菁華、融會貫通而加以綜合（synthesis）和創新的社會理論，其帶有自由主義世界觀的色彩是不容置疑的（Kilminster 74-75）。

紀氏綜合各家學說之所長而去其所短，然後營構其一般理論固然值得讚賞，不過其理論中卻由各種概念組成，這些概念的定義並非十分清楚，其聯繫關係也不一定符合邏輯，經常是在紀氏的圖表中展現其關連。因之，對他這套概念堆積和組合的理論，評論者或予以全部接受、或予以排斥，而非能夠完全以理服人的理論，它是涉及人們肯否在知識上予以信任、信賴、信仰的問題（J. H. Turner 795）。

紀登士對結構所下的定義雖然頗具創意，但把結構等同爲規則與資源，就未免太空泛、太抽象了，這種空泛與抽象，使「社會結構」（而非普通的「結構」）喪失其特性。事實上規則云云，從道德的、交通的、遊戲的、到法律的，種類繁多、寬嚴不等，如何加以概括化？再說，他所說的規則是已經窄化的規則，是效法維根斯坦所談的「遵守規則的行爲」：一個人知道規則，是指他如何去運用規則而言。這並不表示他知道怎樣將規則一五一十地表述出來。紀氏這種說法的規則如何構成社會的結構，實在值得商榷（Thompson 62-66; Callinicos 138-139）。

再說，結構的雙重性，如果只是在概念上說明所有的行動者在預設結構的存在，以及所有的結構都是由社會行動產生與維持的，應該是沒多大問題。不過行動者並非在所有的行動中，都只在運用規則和資源（等於援用結構），有時他（她）也可能在排斥、或遠離規則和資源，甚至設計一套策略來化解規則與資源。在這種情況下，行動者同規則與資源之關係便非建立在結構雙重性的基礎之上。這就說明紀氏以結構的雙重性作爲他大理論的核心，在理論層次上是困難重重的（Mouzelis 615-620）。

結構兼行動理論最大的目的在化除結構與行動的對立，消除這二者的兩元對立（dualism）。但儘管紀氏宣稱要化解二元對立，在他的著作中仍不時浮現結構與行動的迥異與背離。譬如在批評傅柯視社會爲權力與知識的設施所建構時，紀登士強調被壓迫群體的反抗，稱能知的人類行動者之反抗與改變自身的命運，乃顯示行動者在歷史上扮演主體的角色。這仍是把行動（被壓迫的群體之反抗）與結構（社會的壓迫、不利的社會條件之存在）分成兩截來討論。要之，沒有對壓迫者所受時空特殊狀態加以歷史性地考量，反而只抽象地、概括地指出「能知的行動者」之反抗，無異突出紀登士的偏袒行動與行動者，而忽視歷史情況和社會結構之心態。要之，由於偏好哲學（詮釋學）對主體能力的高估，使他不能同樣強調結構之重要性，就顯示其學說顧此失彼，難以平衡的缺陷（Callinicos 140）。

紀登士使用實踐或社會實踐，這是源自於馬克思所使用的Praxis。對馬克思而言，Praxis意指人類開物成務以利厚生，是人類改變自然的物質生產與勞動，即行動者利用稀少的資源以維持生命的活動。易言之，為人類的勞動、或生產活動、經濟活動。可是紀登士使用的Praxis卻是對社會的建構、產生社會生活、形成社會結構的行動。談到「建構」（constitution），無異為主體怎樣來處理客體，俾認識論上主體可以把客體塑造出來，並認識客體。這種把行動的概念過度擴張至實踐，從而把實踐視為社會的建構，同時又視為人們製造或生產經濟財貨的勞動，這是導致社會理論混亂的根源，也是使社會的概念取得人樣（anthropomorphistic）的原因。以上是哈伯馬斯對紀登士結構兼行動理論直搗核心的重大批評（Habermas 286）。

儘管有了上述或其他的批評，紀登士龐雜、繁瑣而又細緻的一般理論⓭，仍不失為當代人文思想與社會學說高明的綜合和突出的創舉，其引起當代西方學界的推崇與爭議是不難想像的。

【註釋】

❶參考洪鎌德1995b；以及本書第三章。

❷參考洪鎌德1995a；以及本書第二章。

❸英國大學學生（undergraduate）一般只需在三年攻讀，考完試便可念畢大學課程，接受學士學位。在三個學年每級平均成績最佳的百分之十，可進入榮譽班修讀榮譽學位（honors class），約一年畢業，

分第一級與第二級榮譽學士。之後可以進入碩士班修讀。

❹以上有關紀氏前半生的履歷與著作，主要參考Bryant & Jary 3 -6.

❺以上爲本人利用新加坡大學圖書館所收藏的紀氏所著與所編的書文增添補充的。

❻參考洪鎌德〈紀登士評歷史唯物論〉，洪鎌德1996b；也參考本書第六章。

❼參考本書第一章：舒慈的社會現象論。

❽此句出現於馬克思1852年出版的《路易‧波拿帕霧月十八日》首章之上，CW11:103;參考洪鎌德1997d:261;洪鎌德1997e:225.

❾據紀氏夫子自道，首次把此一字彙引進他在1973年的著作《先進社會的階級結構》，參考Cohen 1990：298.

❿也參考本書第141頁。

⓫articulation又譯爲構連，是既有連接（關連），又有分辨的含意。

⓬吊詭的是Jonathan H. Turner卻讚美紀氏理論營構最強勁的特徵爲拼合的折衷主義（electicism），比起當代理論家只知照單全收、食古不化，紀氏精擅把各家思想加以揉合（blending）和調解（reconciling），見J. H. Turner 974-975。

⓭由於紀登士對他的學說並沒有一以貫之的系統性論述，他本人反對超越（或貫穿）歷史（trans-historical）的理論，因之，無法視爲一種「大理論」（grand theory），而只能歸結爲社會的一般理論（general theory），參考Cohen 1990: 33；及洪鎌德1996c.

第六章　紀登士論馬克思與韋伯

前言

現任英國布萊爾工黨政府國策顧問的紀登士是當代英倫享有最高國際聲譽的社會學家。他首先把馬克思、韋伯和涂爾幹並列爲經典社會學的三大家（canonical trio），而爲其後英美社會學界所翕服採用。紀登士學術生涯的開端便是討論馬克思、韋伯和涂爾幹學說的內涵與貢獻，特別是這三大家對現代社會、或歐洲社會「現代性」的影響。在綜合三大家的學說之後，紀氏自創「結構兼行動理論」（theory of structuration），也成爲20世紀後半備受爭論與影響重大的思潮之一（洪鎌德1997a：105-151；亦即本書第五章）。

1970年紀登士在英國《社會學》學刊發表了〈馬克思、韋伯和資本主義的發展〉一文（Giddens 1970，1991），詳細解釋韋伯並非全面否定馬克思對資本主義之分析，而是承續馬氏的唯物史觀，而予以補充發揮。本章取材自該篇文章，但也增加作者部份的詮釋，俾凸顯馬克思與韋伯知識上的關連。

馬克思與韋伯所處的時代——19世紀的德國

要瞭解馬克思與韋伯對資本主義相同的關懷和不同的看法，首先有必要對兩人生活的時代背景和當時德國的政治、社會、文化、思想之情況有點粗淺的認識。兩人在歷史舞台出現雖然相差不到半個世紀，但兩人所歷經的西方資本主義，則是19世紀與20世紀初的西歐資本主義。是故對產生這種類型的新體制之西歐背景，特別是兩人的祖國——德國——之情形有略加說明的必要。

19世紀初葉，德國尚未統一，而是由39個政治單元（王國、公國、侯國、自由市等）合成的地理名詞。當時以普魯士和奧地利兩國最強，這兩個王國的爭霸，阻止了德國的統一。當德國的鄰邦英、法、荷、俄等國都成爲民族國家在競爭海外殖民地，擴大洲際貿易之際，德國仍舊是分崩離析的「帝國」——神聖羅馬帝國德意志聯盟。想要效法鄰邦用民族主義來謀求國家的統一，在德國分散的領土上，這種「血濃於水」的號召完全無效。原因是普、奧境內除了德國人之外，多的是波蘭人、捷克人和匈牙利人、賽爾維亞人、史洛文人、克羅亞特人與義大利人等。在這種情況下奧地利政府公然反對德國的統一。普魯士雖有強勁的德意志民族意識，卻也發現統一之途荊棘滿佈。

比起政治統一的訴求之緩慢成長，分崩離析的德國在社會和經濟的結構方面更呈現落後的衰象。德國領土上諸邦政體之僵硬、政治之不夠自由，造成社會經濟改變的步伐緩慢，成效不彰。以強悍的普魯士爲例，其出身地主階層的貴族（Junker），因擁有易北河之東大片土地，在政府機關與經濟方面佔取壟斷性的主導地位，以致剛崛起的資產階級對政局無置喙發言的機會，普魯士威權性王權的囂張就成爲19世紀特殊的現象。

不過1789年法國大革命排山倒海的求新求變之時代潮流不斷衝擊德國各邦，使他們無法繼續閉關自守，經營孤立絕緣的封建式生活。在這種情況下，我們不難理解，馬克思早年的作品，便是在期待變天的心情下喊出解放的口號，這也是讓他產生賦予普勞階級擔任解放者的積極角色之緣由（洪鎌德 1997c）。在1844年馬克思寫著：「在法國部份的解放是完全解放的基礎，但在發展極少的德國，一個『進步的解放』也不可能，唯一能夠求取進步的便是一個激烈的革命。在德國『完全的解放』變成任何部份的解放之絕對條件」。能夠完成這一革命的便要靠普勞階級的茁壯。這是一個「被徹底的鎖鏈所綑綁的階級，這是一個可以造成所有階級解體的階級，這是具有普遍性、寰宇性社會特質的社會之一圈，因爲它受害至深且鉅，也是普遍的、寰宇的……」（CW 3：185-187；Marx 1963：57）。

其實，當時（1844年初）普勞階級在德國剛剛誕生，其聲勢不大、不成氣候，馬克思至遲在1847年便已意識到這點。也就是1847年馬克思認爲德國即將爆發的革命不是無產階級的革命，而是資產階級的革命。但德國特殊落後的情況卻使青年馬克思相信，無產階級的革命可能緊跟在資產階級革命之後爆發。稍後馬克思已體會到德國資產階級的弱點，認為它在尚未掌權之前便會與剛剛崛起的普勞階級展開躁急的、且為必然的鬥爭。1848年革命的失敗，就證明這項事實。從而使馬克思擱置使德國，甚至英、法「躍入未來」的樂觀想法。

可是1848年起義的失敗，對德國各邦，特別是普魯士的統治階層卻是可喜之體驗。在1848年之後，各邦政治與社會改革此起彼落，目的在掃除各邦殘餘的封建勢力，使地主、貴族階級受到挑戰，終使半封建式的王侯專政趨向式微。這次革命的失敗也使數目有限的社會主義者與自由主義者激烈改革的幻夢粉碎。普魯士地主貴族的經濟勢力膨脹，甚至在官僚體系與軍隊中聲勢劇增，迫使德國自由派人士接受政府妥協性的安排，而引進類似議會制的民主。

1848年的事件對馬克思與韋伯都有重大的衝擊，也是把兩人直接聯繫起來的主軸線，儘管韋伯當時尚未誕生。此一事件讓馬克思流浪異域，而在知識上迫使他深入研究當成經濟體系之資本主義的「運動規律」。在德國境內，1848年革命的失敗暴露自由主義之無能，這種無能剛好與俾斯麥的縱橫捭闔成為強烈的對照。但自由主義卻形成韋伯的政治社會學中整個思想的背景。但最重要的倒是，1848年之後，德國各邦傳統的社會和經濟結構之保留，使德國勞工運動的發展受到限制，造成德國勞工運動與英國勞工，特別是法制改革（Chartist reform）運動和法國的勞工運動大異其趣（Giddens 1991：24）。

馬克思與德國社會民主運動，以及後來成立的社會民主黨之關係，源之於他與拉沙勒（Ferdinand Lassalle 1825-1864）❶之間的關係，但社民黨領導者與黨徒對馬克思及其學說的態度卻是曖昧的，這是由於馬克思的學說對該政黨的派系爭執有推波助瀾的作用。拉沙勒一方面欣賞馬克思有關資本主義的理論分析，但另一方面在領導社會民主運動時，實際的作法與政策卻與馬克思的觀點相左。馬克思堅持要無產階級全力支持資產階級奪權，然後才由資產階級手中接收整個政權；拉沙勒則反對這種作法而在排除資產階級自由份子之後領導勞動階級，進行工人運動。換言之，拉沙勒主張把理論與實踐分開，完全拋開馬克思對理論與實踐的統一之要求，這也是爲後來社民黨「進化」（改革）與「革命」爭論埋下種子，也是使社民黨最終去掉其激進色彩之起始。

拉沙勒因爲與人決鬥傷重而死，他逝世的1864年正是韋伯誕生的年份。不過此時德國未來的走向已大體底定，德國勞工運動與自由派份子的分開，配合其他因素的發展，構成了俾斯麥統一的背景。這位鐵血宰相顧盼自雄地宣稱：「德國看待普魯士的不是它的自由主義，而是它的強權」。1875年兩位馬克思忠實信徒李普克內西（Wilhelm Liebknecht 1826-1900）與貝倍爾（August Bebel 1840-1913）終於接受與拉沙勒的黨徒合併，而建立了社會民主黨。這時不論是以政治還是以經濟的眼光來看待德國，都不是馬克思1845年所想像的德國。當時德國的統一並非由於布爾喬亞奪權成功，而是俾斯麥由上而下運用權謀與武力，而採行「現實政治」（Realpolitik）的結果，這種由上而下貫徹的對外征戰（普丹、普奧和普法戰爭）所締造的新帝國，使其國內社會仍保有相當多傳統式的結構。

政治統一與經濟「起飛」初步階段的困難重重，標誌德國現代化之途與英國發展路數之不同，而馬克思在《資本論》中所分析的資本主義卻是英國式的。在德國，政治權力的集中化與經濟的快速發展是在沒有自由化資產階級所形成的社會之助力下完成的。因之，社會民主黨中的馬克思主義者（包括馬克思與恩格斯）在1883年馬克思逝世之前，如同其同代的自由主義者一般，能夠理解當時德國社會結構中他們本身的特殊地位。社民黨人表面上堅持革命口號，但實質上則逐漸與德國社會與經濟現實脫節。於是社民黨中主張廢除資本主義的馬克思派和主張全民投票進行奪權的拉沙勒信徒之間的衝突愈演愈烈，爭執也逐漸公開化。

伯恩斯坦（Eduard Bernstein 1850-1932）被抨擊爲修正主義之父，他的著作《進化的社會主義》（1899）採用英國費邊社的改良模式，企圖把社民黨驅向選舉與議會路線，在既有的政經、社會秩序中贏取政權。《進化的社會主義》在於展示資本主義的政治發展和經濟發展之間底關係不當用《資本論》中所使用的規律、論點來加以理解。亦即應該放棄馬克思在其一生中重大著作裡所宣示的教條：兩大敵對階級的對抗，工人愈來愈貧窮，乃至「最終災難式的危機」導致資本主義的崩潰。但在面對伯恩斯坦的挑戰時，社民黨的教條派仍舊維持馬克思這些論調，使其繼續發揮作用。不過這一堅持也使馬克思的訓示呈現決定論的性格。馬克思視爲資本主義可能發展的趨勢，其黨徒卻解釋爲資本主義必然的、不可迴避的宿命。這種觀點造成革命口頭禪的喧騰和大言炎炎，以及革命行動的趑趄不前。其結果是這些社會黨人翹首望青天，期待鴻鵠之翩然飛至：既然資本主義終必潰敗，何不靜候革命的瓜果成熟，自動落在人們的懷中？

韋伯對馬克思主義和馬克思的看法

由上面所述19世紀至20世紀初德國政局的狀況，吾人不難理解自由主義者處境的艱難。自由主義的根源顯然比統一的帝國還早，也就是產生在完全不同的社會形式裡。自由主義者堅持個人自由與政治參與的價值，但他們也俯首聽命和屈服於強勢政府統治之下，並求適應。韋伯的政治著作和參政經驗經常展示著他作爲自由主義者對這種情形之感受與意識。

韋伯對俾斯麥政治權力活用成功，而使德國快速統一，內部趨向穩定，經濟發展迅速，官僚統治奏效，留下深刻的印象，也極爲讚賞。這構成了他對政治理解主要的部份，也形成他社會學理論結構之關鍵。韋伯之嚮往民族主義，以及終身強調德國國家至上，也可以從這種角度來理解。他決心承認政治權力所造成的事實卻與他觀念中服膺傳統的歐洲自由主義之價值相衝突。韋伯逐漸發現，現代社會發展的路數與他所相信作爲西方文化特殊精神的價值兩者之間有越行越遠、乃至分歧變大的趨勢。這種現實與理想的相左，就表現在德國自由主義特殊的窘困之上。

韋伯對社會民主黨的態度

韋伯在1895年初任佛萊堡大學教授的就職演講中，指出他對德國自由主義的期待，特別是在面對浪漫的保守主義和激進的馬克思主義政黨之挑戰時，自由主義者應如何自處。他暫時撇下對德國國家「神話式的辯護」，卻說明他無法相信勞動階級可以領導這個國家。固然他同意社民黨主張工人應享有充份的參政權，但他又認爲工人階級在政治上不夠成熟。他指出，社民黨中熱衷革命的領導人常偏離該黨發展的趨勢。其結果會造成社民黨更爲妥協地適應強力國家之要求，而喪失革命的精神，最後是德意志國家征服了社民黨，而非社民黨征服德意志國家（Weber 1924a: 394ff.）。

韋伯瞧不起普魯士地主貴族的專權，但卻被迫承認後者在軍界與官僚行政體系擁有實權。在他眼中，這是一個走向沒落的階級，因之，他衷心期待資產階級的壯大，能夠使國家穩固，也爲走向工業化的社會提供領導人才，而使德國變成民主的國家。由於俾斯麥大權在握的影響，使後繼的德國缺少有效的領導階層可以控制政府的官僚機器，由是德國飽受「無從控制的官僚宰制」之威脅。這也是他一再主張要實施議會制度，把國家實權置於國會掌握的緣故。

韋伯對德國社會主義的態度便是從這一立場引伸出來

的結果。他認爲德國一旦出現社會主義的政權，以及採取計畫經濟，那麼其後果將是一個更爲專權更爲壓迫的官僚政治。屆時在政界不只沒有制衡官僚的力量，就是在經濟界也有失衡之虞。韋伯說：「不錯，這將是社會主義，其情形與古埃及『新王國』是社會主義一模一樣」（Weber 1971: 396）。

韋伯對德國社民黨的評價是前後一致，雖然也會隨該黨之起落與政局之發展，而作出不同的估計。在1918年他看到社民黨議員在國會席次大增而深感雀躍，在欣慰之餘他表示自己已無從與社民黨分離。不過，對社民黨中的馬克思主義派，他堅持他們要藉革命推翻國家和造成無階級的社會是一種理想，這種理想必須與他們在德國政治上扮演的實踐之角色分開。

韋伯對馬克思主義學者的評論

韋伯對馬克思主義理論家的態度有別於他對德國社民黨的立場，原因是後者牽涉到他對德國政治現實的認知與關懷。首先，他承認幾位馬克思主義理論者對歷史、經濟、法學有卓越的貢獻，他也與幾位受馬克思影響的學人，像宋巴德（Werner Sombart 1863-1941）、米歇爾（Robert Michels 1876-1936）有所交往。在他進行有關資本主義和世界各大宗教之比較研究的時刻，正是大堆號稱受馬克思觀念影響的著作出版之時，只是他評論他們的著作多爲庸俗化馬克思理念，或偏離馬克思歷史唯物論的作品。

儘管韋伯一度指出他的名作《新教倫理與資本主義精神》是提供「唯物史觀經驗上的否證」，但這一篇著作的產生背景卻是複雜的。原因是從青年時代起韋伯便對宗教現象懷有熱烈研究的興趣。後來因爲搞法律與經濟史而把對宗教的研究興趣擱置，是故《新教倫理》其實是這種終身不渝的最愛之再度浮現。不錯，韋伯之撰寫此一作品，必定是爲了排斥歷史唯物論「片面的」宗教解釋。不過，這裡所涉及的歷史唯物論主要指的是考茨基 (Karl Kautsky 1854-1938) 和其他人的作品，而不一定是指馬克思本人的說法。這段時間由於韋伯與宋巴德交往頻繁，他對資本主義的興起以新教倫理之觀點加以分析，可能拜受宋氏想法的影響。

韋伯對修正主義的馬克思主義者之理念是相當同情的，儘管他責怪他們在進行社會與經濟實在的考察時滲入太多歷史哲學的觀點。一般而言，韋伯同意伯恩斯坦的看法，不認爲現代資本主義的特徵爲少數富人與大多數窮人的分化與對立。他也同意後者對中產階級不認同工人階級的意識之說詞，以及資本主義並不會馬上崩潰的意見。不過尙無明確的證據指出韋伯的觀念是受到任何一位修正主義者的理論之影響。韋伯對資本主義不可能在短期中被揚棄，是有他的定見的。他也不認爲資本主義的生產方式會導致資本與勞動之間無可避免的階級鬥爭。韋伯認爲，現代社會結構的多方面階層化，使馬克思主義者兩大階級分化與抗爭的說法變得更渾沌、更不清楚。事實上，他就指出：動手操作的勞工階級，由於每人勞作技巧的純熟與否，形成各種不同的集團，從而也使勞工階級分成各種的階層，根本談不上同質性。要之，韋伯同馬克思主義理論家的關係十分複雜，導致這種關係之複雜，是由於每個理論家各以其特別的方式來理解馬克思、以及跟從馬克思的緣故。

韋伯怎樣看待馬克思？

一般而言，韋伯認爲馬克思對歷史和社會的分析作出基本上的貢獻。可是對他而言，馬克思的理論不過是眞知灼見的源泉，或是理念類型的概念，它們僅可以應用到歷史發展某一特殊的階段之說明上。由於韋伯接受新康德學派李克特（Heinrich Rickert 1863-1936）和溫德爾班（Wilhelm Windelband 1848-1915）的認知學說❷，所以拒斥其他的說詞，也就是拒斥黑格爾與馬克思的歷史哲學，蓋韋伯認爲馬克思把一切歸之於歷史發展的「方向」是難以接受的。帶著很大的保留態度，他視「發展的階段」可當「發現的手段」來使用。他完全排斥建構在歷史發展的普遍理論上之「決定性的計畫」。易言之，他拒絕歷史發展有必然性的任何說詞，更反對爲歷史變遷劃分階段。

韋伯反對決定論的結果就是拒斥馬克思以唯物主義來解釋歷史的變遷。他說：經濟因素「最終」解釋歷史演變軌道，這種「科學理論」已「徹底完蛋」（Weber 1924b: 456）。韋伯承認馬克思在論述歷史唯物論時前後有各種不同表達的方式，像《共產黨宣言》中，顯示了馬克思「早期形式的才華之粗淺因素」（Weber 1949: 68）。但在馬克思最詳細鋪述的《資本論》中，他也未能把「經濟圈」從社會其他各圈各界之中分辨出來。

爲此，韋伯刻意分辨「經濟的」、「經濟關連的」和「受經濟制約的」三種不同的現象。他稱經濟行動乃是藉和平的手段來獲取可欲的實利（utilities）之控制。但人類的其他行動，像宗教行動，對人怎樣使用實利的心態、嗜好有相當的影響，這便是與經濟有關的（關連的）行動。然而與經濟有關的行動、或現象仍舊可以同受經濟制約的行動、或現象分辨出來。後者不是單純經濟的行動，但卻是受到經濟因素的影響而產生的行動。有了上述三種不同的行動或現象之分別，韋伯說：「經過了上述所言，事實變得很明顯，第一，經濟現象的界線變成模糊不清、不易界定；第二，現象的『經濟』面向，不會只是『受經濟因素制約的』，也不只是『經濟關連的』而已」（*ibid.*, 65）。喀爾文教對於西歐理性資本主義的形成，便可以用「經濟關連」、或「受經濟因素制約」的詞語來加以解釋。

韋伯尚指出馬克思以「經濟」來解釋歷史所造成概念的混淆，譬如馬克思不知分辨「經濟的」與「技術的」兩詞之不同。當馬克思略爲陷入技術的決定論之際，其論證顯示相當不妥。像馬克思著名的說法：「手搖紡織機給你帶來一個封建主人的社會〔封建主義〕，蒸汽紡織機則給你帶來工業資本家的社會〔資本主義〕」（*CW* 6: 166）。這種說法韋伯指其爲技術性的論述，而非經濟性的評析。這種說法是容易被證明爲錯誤的。原因是手搖紡紗機的時代一直延續到現代的門檻，到處可以看到各種各樣的文化上層建築，這就是不限於封建主義，也包括資本主義等在內。換一句話說，某種特定的技術形式會與各種各樣的組織形態（封建主義或資本主義）聯結在一起。反過來說，亦即一種社會的組織形態也可能使用不同的技術。這可以社會主義爲明證。它雖是有異於資本主義的社會體系與經濟體系，但仍舊使用資本主義的技術作爲發展的基礎。

馬克思著作對韋伯正面的影響表現在韋伯對價值和理念的堅持，韋伯不認爲這些價值與理念都是從物質利益衍生出來，不過卻有必要分析價值與利益的關係。韋伯也承認階級鬥爭在歷史上的重要性，但其重要性不當如馬克思所強調的。不同社會層級的群體和政治組合——包括民族國家在內——的衝突，至少與階級鬥爭同爲主要文明歷史發展之重大事實。再說社會部份的利益，並不限於經濟利益，而應該把利益推擴至社會生活其他部門。作爲爭取政權的政黨，其經濟的利益應該是多數人、跨階級的利益，而不該像社會黨以工人階級的利益爲唯一的訴求。

韋伯的方法論雖是他學術生涯開端的作品，但對其後的著作像《經濟與社會》仍有持續連貫的影響。要之，韋伯所重視的是事實與價值的邏輯分別，以及各種彼此競爭的價值之無法化約爲其他因素。就是韋伯這種認知論的立場，使他與馬克思的觀點大異其趣。韋伯認爲，馬克思的作品固然是科學的高度成就，但卻牽連到「最終目的之倫理」（存心倫理、價值倫理、堅信倫理，而有別於責任倫理）。凡信從這種最終目的之倫理者，必然會接受這種整體的、總體的歷史觀。對韋伯而言，科學無法回答「我們要服侍彼此爭執之神明中的哪一個？」或者「我們必須服侍一個完全不同的神明嗎，祂究竟是誰？」這樣的問題（Weber 1958: 153）。也就是科學無從對最終目標、最終關懷的選擇作出明辨與選擇。人一旦對最終目標與最後關懷有所選擇，那麼他已脫離科學的範圍，而進入了倫理或政治的範圍。

馬克思與韋伯論資本主義

一般的說法是認爲，馬克思從青年時代開始就大力抨擊宗教，他這種反宗教的態度與青年黑格爾門徒批評基督教和猶太教是同調的。反之，由青年時代開始，韋伯便對世界各大宗教發生濃厚的研究興趣。在兩人對宗教和精神理念所持針鋒相對的情形下，馬克思似乎只以物質主義，而韋伯好像只以精神觀念來解釋資本主義。事實則沒有那麼簡單。正如同羅維特（Karl Löwith 1897-1973）以哲學人類學來指明馬克思和韋伯對現代人的處境與命運之關懷一樣（Löwith 1993），紀登士也企圖以馬克思和韋伯對資本主義中涉及宗教清心寡慾的部份，來說明兩人對當代問題分析切入的方式之連貫。

馬克思與韋伯都深受德國黑格爾歷史主義（historicism）的影響❸，但兩人也力圖與歷史主義決裂。歷史主義在強調每一時代有其特定的社會結構與獨一無二的歷史特質（「時代精神」）。對黑格爾來說，歷史是一連串變化的過程，其變化的主體爲精神（意識、心靈之屬）。馬克思則以社會關係來取代精神，但也贊成社會關係隨歷史的變遷而變遷。韋伯則在其逝世後出版的巨著《經濟與社會》一書中，演繹各種概念範疇，而非歷史演變的規律，俾能適用於歷史各階段之上，從而也棄絕歷史主義。

當19世紀德國引進大規模的資本主義時，其分裂的各邦之體制，既有合理與合法的，也有傳統式的權威之存在。但資本主義的活力具有把傳統社會消解破壞的能力。因之，馬克思與韋伯所體驗的德國資本主義——工業資本主義——不只是經濟的過程，而是衝擊整個社會，改變社會的力量。這使兩人發現資本主義不只影響了家庭結構、政府組織、人格形成，連對科學、藝術、文化諸面向也產生震撼的作用。這種情況與英國思想家亞丹·斯密與李嘉圖對英國資本主義的緩進，看作是「自然」的現象完全迥異（Birnbaum 1953: 124-125; 1991:4-5）。

紀登士指出，韋伯對馬克思的批評是高度的精巧圓滑，韋伯不只分析馬克思理論的邏輯，並將馬克思對歷史與社會的研究作出實質的析讀。在這種情況下，我們不能把韋伯對馬克思的評價僅由前者提及後者明顯的話來加以詮釋，而應該深入於馬克思與韋伯的著作之內，去體認他們處理問題的方式，其中尤其是涉及馬克思的作品，包括早期遺稿的次第刊行，有助於我們對馬克思前後期學說與思想的連貫之理解（洪鎌德 1986：11-35）。

馬克思從來沒有對他所主張的「唯物主義」（或稱物質主義）作過系統性的論述。不過從其早期著作中可知，他對歷史採用唯物的觀點，不但與黑格爾的唯心哲學截然相反，也與他所批評的費爾巴哈之「感知的物質主義」（*CW* 5:8；Marx 1967: 402）頗爲不同。費爾巴哈藉轉型批判法，把黑格爾的精神哲學作一個顛倒，把神創造人改變爲人創造神，把神當作異化的人、把人當作異化的神來看待（洪鎌德 1997d：230,312）。費爾巴哈取代黑格爾的唯心主義爲唯物主義，這種唯物主義的出發點爲存在眞實「物質的世界」上之活生生的「實在人」。由於人的異化，把他最好的性質全部交給神，因之神成爲人類最好的價值之投射。是故對費爾巴哈而言，宗教是人的熱望之象徵性的「表述」、「想像」（Vorstellung）。爲了消除人的自我異化，就要揭去宗教中神祕的面紗，而把人放回理性的境地上。但這種說法的缺點馬上爲青年馬克思所發覺，他認爲費爾巴哈所談的人是抽象的人，是人類集體——「種類」（人類）。須知人是活在社會的特殊情況之下，而社會結構每隨歷史的變遷而改變。馬克思又指摘費爾巴哈把理念或「意識」當作是人在物質世界活動的結果。在〈費爾巴哈提綱〉中，馬克思說：

> 至今為止所有的物質主義（包括費爾巴哈的）的缺點是將客體物、現實性、感知看作是「感知的客體」，而不是看作「感知的、人的活動、實踐」的客體，也就是不以主體的眼光來看待這些客體（*CW* 5:3）。

馬克思這樣批評費爾巴哈其涵意十分清楚：那就是理念不僅「反映」了物質的實在，而且理念是在與實相（實在）彼此互動的關係上存在的。

馬克思稱這種唯物主義為指引他研究的主軸：意識形態根植於物質生活之上，但這並沒有引伸到普遍性與單方面的關係存在於社會「眞實的基礎」與「法律和政治的上層建築」之間。剛好相反，馬克思在批評費爾巴哈的結論中正指出：理念是社會的產物，它無法讓站在現世之外的哲學家來加以解釋，而只有靠對社會特殊形式之分析來加以解釋。馬克思接著說：「我們必須拒絕任何的藥方或定案……來作為歷史時期的修飾」，而必須「進行觀察與安排——也就是實在的描述——我們的歷史資料」（*CW* 5：37）。

以上是指出，1845年與46年之間馬克思在撰寫《德意志意識形態》兼批評費爾巴哈（〈提綱〉）時，他視理念與社會實在之間有著互動的關係。至於把這種關係加以概括化，也就是概括化意識形態與物質「下層建築」，他需要一個中介的事物。於是他發現階級體系變成了意識形態與物質基礎兩者之間的媒介。社會的階級結構發生規定性的作用，也就是在該社會中理念扮演重要的角色。這點費爾巴哈早已指出，他認為神的理念使人們擁有希望，有朝一日也要向神明看齊，使人可以變為神。馬克思對費爾巴哈這一說法不但接受，還加以引伸，主張宗教的理念與世人社會行動的互動。要瞭解理念與行動的相互性、相對性（reciprocity），就必須分析社會的歷史發展。換言之，如果從歷史過程中把理念與行動抽離出，是無法瞭解它們之間的辯證互動，亦即無法理解理念與社會的交互作用。

在這種情形下，理念或意識形態有時可能享有部份的自主性，而且它所以能享有自主性乃與某一特殊社會有關，這兩點看法顯示並不與馬克思普遍的一般的物質主義觀相衝突。換言之，馬克思的唯物史觀並不排斥歐洲的禁慾新教之獨特的性質及所擁有的影響力量。

在馬克思中年所寫的長稿，亦即爲《資本論》而收集、準備的資料《政治經濟學批判綱要》（簡稱《綱要》*Grundrisse* 1857-1858）於20世紀中葉（1953）公諸於世之後，人們獲得一個印象，就是他對歐洲歷史發展的討論同韋伯的分析非常接近。在這部長稿中馬克思承認古羅馬已發展出資本主義的雛型，只是這種最早期的資本主義發展到一個「瓶頸」（dead end）便停滯不前。這種說法與韋伯的分析相似。詳言之，後來出現在西歐的資本主義之特徵，包括資產階級的產生，都曾經在古羅馬時代曇花一現。但造成古羅馬資本主義沒落的原因，爲當時意識形態對財富累積的壓制，他說：「財富並不構成人生追求的目標……各方所提出的問題只是哪種的財產可以促成良好的公民之產生。只有很少營商的人對追求財富感覺興趣」（*G* 487；Marx 1964: 84）。在古羅馬時代中，財富並沒有內在的價值，它們只帶來「私人享受」而已。當時人們也賤視勞動，視勞動與自由人的身份不相牟。

馬克思指出，中古以前的歐洲存有各種各樣的資本主義形式。商業性的資本曾經在古羅馬時代存在過，亦即存在於並非資本主義的生產方式之社會中。商業的活動向來被社會邊緣人像猶太人所推行。是故商業資本存在於各種各樣的社會型態裡，也是生產力發展的不同階段之上。除古羅馬之外，尚有很多的社會，其社會之一部份發展非常迅速，但社會其他部份卻很落後，以致整個社會的經濟進展緩慢。這種社會的典型馬克思指出一例：即古代祕魯，它曾經有相當規模的經濟發展，但因爲地理上的孤立以及貨幣體系尚未建立，故其經濟進步還是有限。

對於基督教的興起與重要性，特別是對歐洲社會的影響，馬克思的評價前後不一，這是因爲他受到黑格爾的哲學與青年黑格爾學派的說法影響之緣故。作爲醉心黑格爾哲學的青年馬克思，當然知道基督教對歐洲文明形塑的作用。他所攻擊與反對的是以唯心的觀點來分析基督教的影響。他對青年黑格爾門徒施提訥（Max Stirner）的指摘，就是稱後者只能在理念方面處理原始基督教之崛起。馬克思稱：基督教是以四處遊蕩、無根飄萍的流浪者之宗教的面目出現，其勢力之擴散同古羅馬帝國的衰落有關。基督教的倫理觀形成對抗羅馬驕奢淫逸的新道德清流，基督教遂以奉祀單一的上帝來取代羅馬的衆神崇拜。基督一神教的權威建立在人的犯罪與救贖之觀念上。在歐洲其後的基督教發展中，宗教改革提供給解體的封建社會以相似的道德更新與重整。「路德……克服虔誠的束縛，而易以堅信（conviction）的束縛，他把對權威的信仰擊碎，而改以恢復信仰的權威……他把人從外頭的宗教性解放出來，因爲他要製造人內心的宗教性（religiosity）」（*CW* 3: 182）。

假如認爲馬克思對現代歐洲資本主義「禁慾的」和

「理性的」特徵不加理會的話，就會誤解了他對布爾喬亞社會的分析與批評缺乏基礎。事實上，資本主義「理性化」的性格表現在貨幣對人社會關係的宰制之上，也表現在人一味追求金錢之上。在資本主義下金錢是人自我異化的縮影，因爲它把人的各種性質化約爲數量可以表示的交換價值。資本主義遂具有寰宇化、普遍化的特徵，它把傳統社會的特殊性撕毀，也把各族各地的阻隔打破。這是資本主義合理性的部份。至於資本主義禁慾的部份，則爲資本家爲了利潤的擴大必須再投資，因而也得忍受目前的淸心寡慾，所以是建立在「自我〔享受〕放棄」(self- renunciation) 之上。這也由政治經濟學展示出來：「政治經濟學，財富之科學，同時也是自我放棄之科學，爲貧困、爲節省之科學……其理想爲節慾的、放高利貸式的守財奴，節慾的生產性奴隸」(*CW* 3:309；Marx 1963：171)。將財富視爲目的加以追求，形成爲一般的社會風氣，只有出現在現代的資本主義中，在這方面馬克思與韋伯都加以類似的強調。「對財富追求的狂熱乃形成一獨特的發展，這是有別於對某些貨物，像衣服、武器、珠寶、女人、美酒等之本性上的渴求，對這些東西的佔有可以不需金錢的助力。〔可是〕自我富裕的渴求，卻是一定社會發展之產品，它不是自然的，而是歷史的」(*G* 222；Marx 1953：133-134)。

這裡要強調的是，馬克思對意識形態在社會中的角色之分析與韋伯宗教社會學細緻的研讀是可相容的。馬克思對宗教並沒有詳加研究，這是因爲他與青年黑格爾門徒和費爾巴哈決裂的緣故，也是由於他認爲有必要對社會與經濟深入探究，而以社會學的觀點來處理經濟、政治與意識形態的關係之緣故。馬克思遂認爲沒有必要浪費時間與精力去把宗教詳加研究。

在強調馬克思與韋伯一脈相承對歷史和資本主義起源加以研讀之際，並不是說兩人的觀點完全相同。事實很明顯，儘管馬克思在否認超歷史而能夠解開歷史哲學的萬能鑰匙之後，仍舊不放棄對歷史發展的規則和樣式之追求，但這種歷史觀不爲韋伯所接受。取代歷史有規律合理性發展的概念，便是韋伯所提及的「卡理斯瑪」(charisma)的概念❹。此一概念在韋伯的社會學中扮演重大的角色，亦即表述韋伯不相信歷史發展本身的邏輯是合理的，這點與馬克思的史觀是剛好相反相對。在馬克思的整個思想中一個重要的因素是歷史發展中可資發現、可以辨識的合理性，這點是他受黑格爾影響終身不渝的信念。但韋伯的卡理斯瑪卻是非理性的。像歷史中爆發的革命動力，對韋伯而言乃是卡理斯瑪運動的週期性湧現，與人歷史發展的理性類型不生關係。

其次，馬克思強調社會發展中階級的重要性，亦即階級的經濟利益之重要性，有把經濟與政治權力結合的傾向，這點超過韋伯對權力的分析之範圍。這也造成兩人重大的歧異。不過兩人的分歧並沒有過度誇大的必要。葛爾特 (Hans H. Gerth) 和米爾思 (C. Wright Mills 1916-1962) 就說：韋伯的作品在於藉政治和軍事的物質主義來補充與「圓融」(round-out) 馬克思的經濟物質主義之不足（Gerth and Mills 47）。紀登士雖同意葛爾特與米爾思的這一論斷，也就是韋伯在補充馬克思的唯物主義，不過不同意兩人認爲只有韋伯才注意到軍事的物質主義。其實，馬克思本人對軍事的物質主義早在其作品中作過很多的論述（Giddens, *ibid.*, 34）。

結論與感想

紀登士在他這篇比較馬克思、韋伯和兩人對資本主義類似的看法之文章的結尾指出，他的目的在分辨馬克思和韋伯著作中，兩人幾項主要的思路。他反對不分青紅皀白斷言韋伯的學說是「對馬克思的批評」之說法。因爲這種說法未免把韋伯對唯物史觀之評估過度簡化。固然現代社會學的奠基者，韋伯、巴雷圖、涂爾幹、莫斯卡等人有一部份是對馬克思學說的否定，上述諸學者（涂爾幹例外）有時被帶上「布爾喬亞的馬克思」之稱呼。這個稱呼是不適當的，因爲上述幾位的作品並不是對馬克思主義的反彈或拒斥。因之，韋伯對馬克思與馬克思主義的關係，不可一概以贊成或反對，這種非黑即白的一刀切來加以評估。韋伯的歷史研究有部份對馬克思主義者的歷史演變解釋予以排拒，但也有部份在捍衛馬克思，俾對抗其黨徒之竄改、或歪曲。

韋伯致力學術與政治工作的時代，正是西歐主要國家特別是德國發生空前變化的時代，這與馬克思所處時代之社會結構有重大的差異。在19世紀初，西方先進社會已到達經濟成熟期，而都沒有經歷馬克思所期待的革命改造。

但在韋伯的時代裡，馬克思的想法卻由德國社民黨付諸行動。在韋伯眼中，此時的「歷史唯物論」，不管是馬克思主義批判者的自由主義份子，還是馬克思主義者，都認同爲恩格斯的作品《反杜林論》和《自然的辯證法》。儘管誇大馬克思和恩格斯的歧異是沒有必要的，但在上述兩著作中，恩格斯對歷史唯物論的解釋，有不少處偏離了馬克思著作的精神。將辯證法由人文、社會擴大到自然界，更是模糊了馬克思學說的核心：「在歷史過程中主體和客體的辯證關係」。恩格斯這種作法在於刺激人們的一個觀點：理念僅爲物質實在的反射而已。社民黨在政治上的冷靜和不夠吵鬧、不夠囂張（quietism），就是恩格斯這種世界觀的採用，其目的在保持革命的姿勢於一個特殊社會狀況之下，這一社會狀況與當年馬克思鼓吹革命時的情形完全不同。簡言之，韋伯的解釋又返回馬克思的原點，而成爲首尾銜接的歷史循環，韋伯對馬克思主義的批評，特別是對理念在歷史上之角色的批評，也不過是把馬克思原始的觀點重加敍述而已（Giddens, *ibid.*, 35）。

在複述馬克思原始的觀念之同時，韋伯也對馬克思分析當代資本主義和創建理想的共產主義加以拒斥。馬克思相信資本主義必遭揚棄，取代它的是一個嶄新的社會、新穎的制度。韋伯則看到英國與法國的工業資本主義之發展有異於德國資本主義的變遷。由於韋伯對這一歷史事實的體認，所以不會像德國社民黨被一件思想桎梏——「歷史唯物論」——所束縛，而能夠直接引用馬克思原來的想法，而與時代潮流同進退。

不過在分析當代資本主義即刻來臨的趨勢時，韋伯也掉入自設的物質決定論之陷阱中。他看到資本主義裡頭一個主要的非理性：亦即官僚體系「形式上」的理性，也就是爲處理衆人之事進行大規模行政職務，因而在技術上如何執行的問題。這種形式上的理性在實質上卻是非理性的，因爲違背了西方文明某些顯著的價値——人的自主、自決與個體性的發展之類的價値。韋伯看不出有什麼方法可以打破這種非理性。他對未來的看法是悲觀的，也就是人的自主性和個體性將被現代生活的合理性所吞沒。對馬克思而言，資本主義基本上的非理性——個人由於異化的貧困和現代工業提供的自我完成之機會兩者的矛盾——剛好創造了改善的條件，俾建構一個能夠克服非理性的新社會。馬克思視爲在某種特殊的階級社會中產生的資本主義具有異化的性格，而這種異化現象係由官僚理性引伸而得。這種推論可靠性有待進一步商榷。同樣，韋伯認爲機器生產的技術條件和經濟條件會決定未來每個人的生活，也就是挾著無可抗拒的勢力把人置入於理性化的控制之下，這種判斷同樣也是一個決定論或宿命觀的說法。在比較馬克思與韋伯之餘，吾人不禁也要問：有沒有另一條途徑，像馬孤哲（Herbert Marcuse 1898-1979）所言，並非純粹、形式的和技術的理性在壓迫與降服人類。相反地，造成現代人的的枷鎖是宰制的理性？因之，馬孤哲相信技術理性的使用反而變成了人類解放的工具（Marcuse 223）。這將是馬克思與韋伯學說之外的第三條途徑，亦即第三種對當代合理性之新解說。

【註釋】

❶拉沙勒為富裕猶太人之子，曾習法律，參加1848年革命運動，在馬克思創辦《新萊茵報》時與之相識。馬克思為出版著作，曾靠拉氏協助。1860年代拉氏搞工人運動，自任「德國工人協會」永久主席，傾向於國家社會主義，企圖以國家的力量造成工人合作社，並以工人投票權的擴大來抵制布爾喬亞的自由派主義。其盲目的崇拜國家，以及敵視工會主義（工會組織與活動），特別是提出工資鐵律，曾遭馬克思的嚴詞抨擊。經常亂搞男女關係的拉沙勒竟在不滿四十歲的壯年，為了一名女公爵與人決鬥負傷而死。拉氏黨徒與馬派份子後來合作，而營構德國工人黨，亦即德國社會民主黨，參考洪鎌德1997d：117, 121, 146-150, 192-194.

❷溫德爾班和李克特代表海德堡（西南德國）的新康德主義，主張哲學為對普遍價值批判之學，每一認知都表現為意志對於價值的重新形塑與改變。兩人主張自然科學與精神科學（人文學科）之不同，強調歷史為個別，而非自然，亦即為特殊，而非規律普遍的現象。歷史現象的掌握與特殊時空下涉及價值之文化的落實有關。

❸歷史主義或稱唯史主義、歷史規律主義、歷史趨向主義。根據柏波爾（Karl R. Popper 1902-1994）的說法，那些在歷史演變中企圖找出歷史變遷的軌跡、趨勢、步調、規律、法則的歷史哲學家，認為歷史發展有方向、有意義、有始終，都是歷史主義者，他們的目的在為歷史的未來發展作預測。結果是政治意識形態中的法西斯主義與共產主義都利用唯史主義、歷史主義來宣傳其最終要為人類建設的美夢、烏托邦。

❹卡理斯瑪為古希臘文，意為上天的恩寵、賜與，為信徒對其領袖所具

有的魅力、特殊能力、呼風喚雨的本事等等之描述與禮讚。可視爲天縱英明、特殊才華、異稟、領袖魅力的別稱。韋伯視卡理斯瑪和傳統與法律，爲權威的三大來源。卡理斯瑪權威一旦改變其形式，則爲「卡理斯瑪的日常化」（routinization of charisma），參考洪鎌德 1997b：217.

第七章　紀登士評歷史唯物主義

前言

在紀登士成爲炙手可熱的當代大師之前，英國的社會科學理論界幾乎無人曾經贏得像他一樣國際性的聲望。原因是英國學者強烈的經驗研究之取向，使他們遠避「大理論」（grand theory）的營造。不過在過去二、三十年間，現代世界的劇變，特別是英國階級社會的兩極化，以及學者對馬克思主義的認眞硏討，改變了英國社會理論界的生態，從而產生像紀登士這樣一位世界級的大理論家。

與德國哈伯馬斯和法國卜地峨一樣，紀登士是當代歐洲思想界和理論界頂尖的人物，更是英語世界出類拔萃、首屈一指的理論大家。他的著作之多、涉及之廣、影響之深幾乎無出其右。而其作品的創新性（inventiveness），以及對晦澀難明的社會現象之燭照，使他的聲譽與影響與日俱增❶。

編集紀登士作品爲普及讀本，也即《紀登士著作選》（*The Giddens Reader*）之作者卡塞爾（Philip Cassell），指出紀登士擁有「雙重身份」（dual identity）。第一重身份爲贏取廣大讀者群矚目的新詮釋和新評論之大家，亦即他對馬克思、韋伯和涂爾幹、哈伯馬斯等古典與現代思想家，肯綮（cogent）而富有創意的批判、解釋和評論。第二重身份的紀登士則爲營構嶄新的大理論，即「結構兼行動理論」（theory of structuration）的奠基者。這部份以及他對當代社會「現代性」（modernity）的分析，都是引發專家學者深思激辯和爭議不斷的源泉。紀登士這種雙重的身份，其實是他學術志業所表現的兩個側面（aspects），也是他統一的研究計畫之兩個相關連的界域、範圍（dimensions）（Cassell 1993: 1-2）。

第五章已經詳述紀氏極富創意的結構兼行動理論，以及他對當代社會引人深思的分析。反之在本章中，我們試圖理解第一重身份的紀登士，特別是他對馬克思主義有怎樣的看法、批評和解構（deconstructing）❷。當然爲了說明他批評的論據，有時不得不涉及他在第二重身份中所指出的大理論。

作爲古典傳統之一的馬克思主義

不管是哈伯馬斯，還是卜地峨（洪鎌德1995a: 1-34），抑或是紀登士，現代社會學大理論的營構者，無不深受古典思想傳統的三大家（馬克思、涂爾幹、韋伯）學說之影響。特別是馬克思的幽靈一直在這幾位理論家的身前或背後浮現、遊蕩，成爲揮之不去的夢魘，也是激發思想火花的引燃劑。

這三位大師主要的生活環境與時代背景都是19世紀下半葉的歐陸。其中馬克思在1883年便逝世，其餘兩位也在1917年與1920年分別謝世，因之，他們所形塑的概念與理論雖然極富創意，但都隨19世紀下半與20世紀上半葉，現代世界的巨變，而逐漸變成明日黃花。換言之，紀登士發覺這些古典傳統（classical traditions）的眞知灼見，在過去四分之三世紀中，受著世局變化的衝擊，而逐漸喪失理論的效準，可是這七、八十年來的社會理論界卻仍深受古典傳統的羈絆而不克自拔。舉一個明顯的例子，社會學界因為深受三大古典大師理論的影響，只注意國界之內社會之分析，而忘記國際社會的變化，亦即無視於民族國家的角色加重、以及戰爭的工業化（武器生產、競爭、出售、使用之組織化、實業化）這兩樁影響重大，甚至脅迫人類生存和繁榮的社會現象。

紀登士在企圖詮釋古典社會學傳統三大家的學說之際，特別強調造成社會學理論的政治環境與脈絡（context）。換言之，政治與社會並非壁壘森嚴，截然可以區隔的兩種社會制度，而毋寧視它們彼此糾葛以及相互滲透。在瞭解古典傳統的政治脈絡之後，當代學者宜放棄古典大師將其理論普泛化（universalisation）的雄心壯志。換言之，他們的學說仍囿於時空的侷限，而不能視為放諸四海而皆準，俟諸百世而不惑的眞理。

馬克思的觀點固然與其革命計畫相聯繫，而為革命行動的理論指南，但這一理論所受時空的侷限更為明顯。紀登士在《歷史唯物論的當代批判》第一卷涉及《權力、財產和國家》（1981）一書中就指出馬克思學說的缺陷，在於相信階級關係是造成宰制的唯一原因，遂認為一旦階級消滅，宰制也跟著消失。馬氏忽視了性別、種族的歧視，須知性別與種族的衝突，也是宰制的來源。

紀登士宣稱其努力的目標之一為「去建」或「解構」（deconstructing）馬克思學說的部份理論（Giddens 1984: 227）。原來馬克思認為行動者（actors）——包括個人、階級、社會等——所以採取某些行動，是受到背後不以人的意志為轉移的「規律」、「趨勢」（歷史發展律）所指引。這種說法受到紀氏的質疑與挑戰。在揭發行動者並非遵照（有意識或無意識地）這些規律在行動時，紀氏自認已去掉馬克思的建構，這就是「去建」或「解構」的意思。

儘管紀登士企圖對馬克思主要的學說之歷史唯物論進行「去建」或「解構」，他仍深受馬克思學說的影響，也大力讚賞馬克思對資本主義制度深刻的分析。

紀登士肯定馬克思的貢獻

作為一位非馬克思派（non-Marxist）的理論家，紀登士與馬克思主義的關係是詭異與曖昧的（Craib 1992: 28）。紀登士早期深受馬克思學說的吸引，其後在塑造他自己的結構兼行動理論之後，才有系統地面對馬克思主義，在近期則聲稱他接受馬克思主義的觀點不若他反對之多（Held and Thompson 1989: 259）。

首先，他宣稱十分重視馬克思在《波拿帕霧月十八》一書中有關人類創造歷史的一句話（*ibid.*）。原來馬克思在該書中指出：「人類創造歷史，並非按照其喜歡來創造，也非按其選擇的情況來創造，而是在直接面對的情況、給予的情況，以及過去所傳承下來的情況下，從事歷史的創造」❸。因為這句話，啓發了紀登士強調社會結構與人類行動是一為二、二合一的事物。行動者（人類）在不知、也不承認的條件（情況）下，展開其行動（創造歷史），但也常造成始料不及的結果。這便是紀登士在其結構兼行動理論中，強調結構雙重性與行動不可預測、也非期待的後果之因由。

其次，紀氏同意馬克思對資本主義社會的分析。特別是同意視資本主義的特徵為商品化，以及把階級作為資本主義社會組織的原理，或運作的邏輯，不過不同意把階級作為其他非資本主義社會（古代奴隸社會、近代封建農業社會）之結構的特徵來處理。紀氏說：

在馬克思那裡，剝削的問題無可避免地與階級、體系的本質和發展之整體特徵聯繫起來……只有在生產力擴展，有本事生產出多餘的產品之際，階級才會出現……因之，階級關係內蘊剝削的關係，這是由於統治階級靠依附階級剩餘的生產過活的緣故……資本主義為人類歷史上首次剝奪廣大的勞動群衆對其生產資料之直接控制，並且把他們轉變成支領工資的勞動者。資本主義乃是建立在優勢階級對剩餘價值的剝削之上……。

在資本主義中，馬克思的觀點，認為階級關係侵入生產過程的核心，是非常重要的觀點。不過我打算擴大馬克思的論點，當它提及剝削牽涉到(1)只有同階級關係的特徵有關；以及(2)只有限於人際關係這一部份而已（Giddens

1981: 55; second edition, 1995)。

依據紀登士的看法，剝削不僅是涉及優勢階級對勞動階級剩餘的侵佔，也牽連到人類對自然的濫墾亂伐，這種把生產力無限制的擴展，而破壞自然的舉措，居然視爲社會的進步。這算是馬克思普羅米修斯叛逆精神的表現❹。

再其次，紀登士似乎由馬克思對資本主義的分析中，得到不少靈感，尤其是涉及衝突與矛盾的一些概念。他說，馬克思指出在資本主義結構中，主要的矛盾爲生產的社會化和產品的私人擁有，亦即多數人進行集體的生產活動，但生產的成果卻歸少數的個人所佔取。紀登士從這個主要的矛盾引申出次要的矛盾。所謂次要的矛盾爲當今之世民族國家的權力倍漲，但同時資本早已跨越國界成爲寰球的金融勢力，這種國家權力與國際資本之間的矛盾成爲當代政治經濟學的新現象。這些矛盾有導致現代社會走上社會主義的可能，但也有淪落爲右翼的極權主義之可能。

要之，紀登士雖然發現馬克思主義中許多基本的假設與一般推論有所失誤，但他仍讚賞馬克思對資本主義體制的剖析。他說：「馬克思對資本主義生產機制之分析……始終成爲任何分析18世紀以來世界重大變遷的努力之必要核心」(Giddens 1981: 1; second edition 1995)。依據賴特 (Erik Olin Wright) 的說法，紀登士《歷史唯物論的當代批判》第一卷，並非對馬克思主義的全盤拒斥，而是一種眞誠「批判」的嘗試，目的在揭開一個社會理論內在的侷限，然後吸取其有價值的部份作爲另一個替代的理論架構（Wright 1983: 11-35）。

紀登士批判的概覽

紀氏所著《歷史唯物論的當代批判》（以下簡稱《批判》）第一冊的理論基礎乃是他所研創的社會結構兼行動理論。這一個複雜的學說在前面中已有所介紹。粗略地說，紀氏認爲社會理論必然涉及社會的結構和行動者（actors）之作爲（agency）這兩項事物。社會理論必須承認行動者或行動體（agent）有對其行動、處境認識的能力，即「行動者的能知性」（knowledgeability of actors），也有採取行動（或不行動）的能力。另外，社會結構本身具有雙重性；一方面是人類創造的典章制度（行動的結果），他方面這種典章制度是人類社會實踐（創造、維持、改變）的中介。因之，結構非僅是存在於人的活動之外的客體、或情境、或場域；反之，本身也是人的活動之一部份，及其客體化。換言之，社會結構是人類社會實踐的中介物，也是人類社會實踐的成果。人類的活動牽涉到有意識、有意向的實踐，但活動者在展開行動時對行動的情況未必加以認知，同時所有的行動也可能產生沒有預料到，甚至並非期待的結果來。這些結果轉變成下一次新的行動之條件。

紀登士就藉著這種極端的批判社會學之理論，企圖對馬克思主義的基本教條，特別是唯物史觀提出批判與修正。首先他要批判的是馬克思對社會的型態及其變遷的理論，其次提出他修正的意見（洪鎌德、胡正光2263－

2264）。

紀氏的論據建立在三項相互牽連的問題之上：

第一，社會當成一個整體或總體（totality），其個別的成份與面向，彼此怎樣發生關連？亦即社會整體中，部份與部份之間，部份與整體之間發生關連的原則或邏輯是什麼？

第二，怎樣來爲社會的形式之不同加以區分？亦即如何發展出區分不同的社會類型的根據——分門別類之類型法（classification typology）？

第三，社會由一種形式轉變爲另一種形式的原理或動因的說明，這就牽涉到轉型的邏輯究竟爲何？

對於上述三個問題，馬克思及其信徒都有確定不易的答案，這就引發了紀登士的批評。他批評了馬克思主義者對社會總體採用了功能論（functionalism）；對社會型態的分門別類則採用階級化約論（class reductionism）；對社會型態的轉變則採用了進化論（evolutionism）。換言之，馬克思及其信徒所犯的錯誤，正是功能論、化約論和進化論。

爲了補救上述馬克思主義三種理論的錯誤，紀氏以隨意再生（機遇）的社會體系論、時空距離化（Space-Time distanciation）理論和片段的、不定時、不定型的轉變（episodic transition）之理論來加以匡正（參考胡正光1997台大政研所碩士論文，65－70頁；洪鎌德、胡正光2270－2274.）。把紀氏的批判綜合列表，可以顯示其意涵：

表一：紀登士對歷史唯物論批判之大要

問題意識 / 解答學說	馬克思主義者的主要概念	紀登士的批評	紀登士的補救之方
1.社會整體相互關連的原則	功能性的總體	功能論	隨意再生（機遇）的社會體系
2.社會型態的類型	生產方式	階級與經濟化約論	時空距離化的層次
3.轉型的邏輯	生產力與生產關係的辯證法	進化論	片段性的轉變

資料來源：Wright 13.

功能論的批判與修正

紀登士指出：馬克思主義者的作品充滿功能論的色彩，儘管這類的功能論也具有不同的形式。以馬克思津津樂道的上下層建築的比喻為例，不難看出作為上層建築的國家是受到下層建築的社會關係所制約，國家的功（職）能就在維持階級統治，成為統治階級宰制被統治階級的工具。阿圖舍（Louis Althusser 1918-1990）雖強調結構論，而反對功能論，但在他的作品中仍以「繁衍」（再生產、重新出現）、或「結構性的因果關係」（structural causality）把功能論偷偷地輸入其理論裡頭。他說意識形態的設施乃為了滿足生產關係的繁衍而出現的事物，這無異視意識形態的設施為維持生產關係的手段，亦即發揮了使生產關係可以維持不墜的作用。

不能因爲馬克思主義者喜談矛盾、衝突、鬥爭，而以爲他們反對統合、反對體系各部份有其維持體系完整、體系綿延的功能。紀登士反對馬克思主義者誤用功能論，主要的原因是功能論只具觀察與描述社會現象的作用，而不具解釋或預測社會現象的本事。事實上，功能論者分不清靜態與動態，也對行動者的意向、知識和能力一概加以忽視，只把他們當成大機器運作的螺絲釘看待。換言之，功能論者視行動者（個人、階級、社群等）不過是社會關係的載體（bearers）而已。更大的錯誤則爲把社會比擬爲生物組織體，有其特定的「需要」（社會需要繁衍、繁榮、擴大等等）。馬克思主義者解釋失業的社會現象，居然說是由於資產階級需要勞動後備軍的結果（Giddens 1981: 18; second edition, 1995）。這就是誤用功能論的顯例。

在反對馬克思主義者使用功能論來解釋社會總體是由部份構成，以及部份的功能之發揮在滿足社會總體的需要等等之後，紀登士認爲社會是社會體系。他比較喜歡使用社會體系，而不喜用社會這一概念。社會體系的維持與繁衍（再生產），不能再以部份的職能來解釋，也不能以體系的屬性（需要）來解釋，而應當以社會體系的成員——行動者——之行動來解釋。社會體系是開放性而非封閉性的，它們不是自然生成的，也不是機械化的運作。由於人類具有反思（能夠認識、修改、有意向）的行動，而產生了社會體系。在這一意義下，紀登士企圖以隨意變化（機遇，contingent）的再生之社會體系，來修正帶來功能論色彩的馬克思主義者所指稱的社會總體。

化約論的批判與補充

紀登士指出：「馬克思傾向於給與階級和階級衝突這兩個概念超過它們可以承受、亦即太沈重的負擔」（*ibid.*, 60）。依紀氏的說法，階級關係（對峙、衝突、鬥爭）扮演重大的角色，甚至成爲社會結構主要的組織原則，只有在資本主義出現的現代社會中，而非古代奴隸社會、或中古的封建主義社會中。因之，過度仰賴階級的分析與批判，來解釋社會體系的特徵，便犯著階級化約論的毛病。與階級牽連在一起的爲馬克思所強調的生產方式，由於生產方式的改變，導致社會上層建築的變化，從而造成經濟因素變作社會變遷的重要因素，這也是經濟因素化約論的一種，有時稱作經濟決定論。因之，紀登士批評馬克思主義犯著階級化約論與經濟決定論的毛病。

與階級化約論和經濟決定論緊密關連的便是剝削這一概念。馬克思主義者主張有史以來的階級社會便始終存著剝削這一現象——有產階級（奴隸主、地主、資產階級）對無產階級（奴隸、農奴、勞工）的剝削。提到剝削，正如前面的敍述，紀登士分辨人對人的剝削，和人對自然的剝削這兩層不同的意涵。

依紀登士的看法，馬克思主義者在談到剝削時，只依經濟的觀點來解釋宰制階級對被宰制階級剩餘價值的搾取。須知除了經濟剝削之外，也存在著「社會的剝削」，那是指宰制的階級利用教育或訓練機構，排除被統治的階級成員求取上進的機會，後者無法實現其生涯規劃或減少抬高其生活品質的可能性（Craib 77）。剝削產生自權力不對稱的關係，剝削也是否認相互對等的關係（denial of reciprocity）。優勢的個人或群體（階級）常可藉神秘的知識（獨得之秘）、宗教的賞罰、武器的擁有、正當性與合法性的堅持，而使弱勢的個人或團體受其宰制、或予取予求。

馬克思主義者不把性別的歧視和少數種族之被輕蔑、或強國對弱國的凌虐看作人對人的剝削。然而，剝削的範圍是不限於階級與階級之間的關係。紀氏認為即使階級社會的消失也不會造成剝削的消除。換言之，未來理想的共產主義社會仍舊無法徹底排除剝削。

至於人類對自然的濫墾亂伐、耗盡天然資源、破壞生態平衡更是一種人對自然的戕害，也是另一種的剝削現象。可是這些都不是馬克思和恩格斯所留意關心的問題，卻是工業社會、或資本主義社會必須嚴肅面對、亟待改善的問題。

馬克思主義者對階級結構的分析與對階級鬥爭的描述，其目的有二，其一在為不同社會的形式分門別類；其二在為社會形式的演變轉化提出解釋。前者涉及社會的類型（social typology），後者則涉及所謂的唯物史觀或歷史唯物論。

紀登士反對馬克思以階級為基礎的社會類型法，原因是社會是由各種各樣的宰制和剝削合成的社會體系，而不是單單使用一個簡單的原則——階級——便可解釋清楚。

他分辨階級社會和階級分化（class-divided）的社會。資本主義的社會是階級的社會，原因是階級成爲該社會主要的結構原則。反之，封建主義的社會則爲階級分化的社會，在該社會中雖有階級的存在與區別，但階級並非封建社會組織的基本結構原則。

爲了說明上述兩種社會型態不同，紀氏引進權力（power）和宰制（domination）兩個概念。所謂權力乃是行動者使別人順從其意願之轉變能力（transformative capacity）。這種能力的來源有兩項：一爲對人的控制、支配之權威資源（authoritative resources）；另一爲對事物（自然）的控制、支配之配置資源（allocative resources）。

宰制意謂「在這種權力關係中取得的與再建構的資源之不對稱關係」（Giddens 1981: 50; second edition, 1995）。亦即擁有權力不對等之關係，高的人爲宰制者，低的人爲被宰制者。

那麼社會型態的分門別類便要看(1)是那一種資源構成宰制的內容。紀氏認爲在資本主義的社會中，配置的資源之掌握，是資產階級能夠宰制無產階級的主要因素。反之，在封建社會中權威資源的獨佔使地主階級可以宰制農奴階級；(2)在時空軸上，資源控制的範圍之大小。只有在資本主義的社會，資源的控制能夠跨越時間與空間的限制，使時空距離（space-time distanciation）達到最大的範圍，或最高的層次。反之，早期部落社會、或中古封建社會的時空距離之層次都不算高。

依此可以把紀氏的社會類型列表說明：

表二：紀登士對社會型態的分門別類

何種資源成爲權力的主要基礎		
高低	權威資源	配置資源
很高	社會主義的社會	
高		資本主義的社會
中	封建主義的社會	
低	部落社會	

資源來源❺：Wright 19.

有了上面的分類，紀氏批評馬克思太重視配置的資源而忽視了權威的資源。須知現代社會上司與下屬的督責，國家對其人民的監控，愈來愈嚴密，這就是權威的資源之使用。特別是現代極權的國家，不管右翼的法西斯，或左翼的史達林政權，其濫用權威的資源已到驚人的程度。這些都不是馬克思在世之日曾經體驗的社會現象。要分析現代的社會有必要把經濟資源的配置轉換到權威資源的配置之上，才會掌握當代社會的「現代性」（modernity）。

進化論的批評與匡正

紀登士對進化論的攻擊，一方面基於方法論的考慮，另一方面則出於經驗研究的結果。在方法論方面，社會理論中涉及社會進化觀的學說都強調「適應」的概念，認為社會的進化是由於社會改變其本身以適應外在環境之變遷。紀登士認為視社會如同生物體一樣去適應變化的外在環境是毫無意義的，原因是社會的適應與社會有所謂的「需要」，同是無稽之談。「社會沒有『適應』（主宰、征服）其物質環境的需要可言」（Giddens 1981: 21; second edition, 1995）。因之，追求社會發展之最終目標（teleology），也是荒誕不經的。

在經驗上，我們不談社會在適應其變遷的外在環境，而改說是組成社會的個人在適應外在環境，由於衆多個人的適應和進化活動，促成社會必須也往進化的道路上去走。這種說法可以避免方法學上把社會擬人化的毛病，在經驗上可以查證。但紀氏卻認為這種改變的說詞是建立在錯誤的概括化之上，即人類有改善其生存的物質條件之傾向，而這種傾向居然是超越歷史的（transhistorial）。事實上，世上不存在著超越歷史的適應原則。換言之，世上不存在改變歷史的個人動機或個人驅力，這種動機或驅力也不可能為一般的社會發展理論提供任何的基礎。

紀登士認為馬克思主義者的歷史理論，在經驗的層次是錯誤的，在歷史上根本沒有什麼生產力發展的一般趨勢，更不必談到什麼生產力與生產關係的辯證發展。生產方式的改變，更不可能為歷史變動而舖好軌道。認為社會有超越歷史、適應某些變化之要求的說法，在方法論上是有瑕疵的。

既然紀氏反對馬克思社會進化觀（由太初原始公社演

變爲古代奴隸社會，再演變爲中古封建社會，然後進化到現代資本主義社會，由此進入社會主義社會，乃至躍進未來共產主義社會），那麼歷史的走向究竟是進步還是退步呢？他提出片斷的特徵（episodic characterisations）和時空交界（time-space edges）來取代。他說：「片段（episodes）涉及社會變遷的過程，這種過程有其方向與樣式，在此方向與樣式中特定結構的改變得以產生」（*ibid.*, 23）。重點爲社會變遷的方向性與動力對某一片斷時刻而言是特別的。換言之，沒有一般的、普遍的社會變遷之動力或方向，只有片斷的特別之動力與方向。

至於時空交界則涉及「不同社會在片斷的轉變中之同時並存」（*ibid.*）。換言之，不是一個社會接著另一個社會依次出現在發展的軌道上，而是有可能在某時某刻（例如當代）各種型態的社會同時並存於地球（或某一大洲）之上。同時，社會變遷是各種不同型態的社會交疊出現的過程。沒有寰球的社會變遷，只有各時代、各地域不同程度的社會變遷。

再者，紀氏同意馬克思視資本主義社會是由封建主義社會的子宮中孕育出來，但封建社會並非由古代部落社會脫胎而成。換言之，不能以資本主義社會的變遷爲例，泛指其他非資本主義社會也有相同的演進歷史。至少在《綱要》（*Grundrisse*）中馬克思坦承亞細亞的生產方式，使中亞這些靠水利灌溉維生的古老帝國數千年停滯不變。古羅馬帝國瓦解，是由於外力（日耳曼蠻族）的入侵與征服所造成的。論生產方式，羅馬應優於北方蠻族，但因外力的入侵造成先進的生產方式反而遭落後的生產方式之擊敗，也遭後者所取代。

總之，紀登士認爲把資本主義的崛起和布爾喬亞階級關係這兩樁人類歷史上的異例加以概括化，而提出寰宇性的歷史進化觀是不妥善的，它與人類事實上的發展史有極大的落差（洪鎌德、胡正光2264－2265）。

其他的批判與多元理論的揭示

除了批評馬克思歷史唯物論包含有功能論、化約論、經濟決定論和進化論等等謬誤之外，紀登士認爲馬克思主義忽視民族國家（nation-state）對當代社會的衝擊，是其理論的另一重大缺陷。須知民族國家、資本主義和產業化（工業主義industrialism）是造成現代社會的三股勢力，民族國家勢力的膨脹乃是19世紀末和20世紀初，由於「戲劇性時空緊縮」（指交通工具的發達）的結果，民族國家並非民族主義的情緒高漲之產品，而是「對於特定領土疆域的行政管理機構之統一」所促成的（*ibid.*, 190）。

紀登士旋指出民族國家趨向穩定是由於交通的機械化，特別是由於電子媒體的發展使交通和通訊分開，以及國家對其人民年籍、家世、生涯、生死等資料之登錄、存檔，甚至於利用社會科學與統計資料對百姓的監控（surveillance）。國家權力的擴大不啻爲現代的民族國家發揮其時空距離化的最高巔峰。要之，造成當代民族國家勢力膨脹的因素，第一是軍事與工業權力的結合；第二是國家行政權的擴張；第三是偶然性的歷史發展。

在《歷史唯物論的當代批判》一書的第二卷《民族國家與暴力》（1985）一書中，紀登士特別提及民族國家同民族主義，以及同戰爭的關連。這部份也是馬克思主義最少觸及的當代社會問題。紀登士指出將戰爭加以工業化（industrialisation of war）造成了軍事體系的崛起。不管現代民族國家隸屬第一、第二乃至第三世界，軍事體系在各國都出現，且是各該社會不可忽視、重大權力的體現。

談到民族國家與戰爭的緊密關係，紀登士說：

> 民族國家是當代世界中政治組織最首要的工具。這是由於其人民及別國都已承認它〔民族國家〕擁有暴力武器的合法壟斷權力。作為可以發動戰爭的工具之擁有者——該戰爭的範圍可能是寰球的，而且可以把科學應用到技術的改進之上——國家在世界體系的整體裡不惜參與並且促進軍事化的過程。這種軍事化的過程是否在未來可以被遏阻，仍然是完全未定之數（Giddens 1985: 254）。

說到暴力與軍事力量在剝削裡頭所佔的角色，以及種族與性別的歧視、不平等，紀登士強調社會主義應發展出一套批判剝削的規範性理論（normative theory），即社會主義需要道德學說以匡正馬克思主義排斥倫理的缺失（Giddens 1981: 249-250; second edition 1995）❻。

從紀登士批評馬克思忽視國家之角色，亦即忽視政治的力量、而高估經濟的力量，可以看出他是視政治力量與經濟力量對社會發展具有同等的推動作用。換言之，放棄了馬克思經濟決定論，紀氏採取隨意的（隨機的、機遇的，

contingent）、因果性（causal）的多元主義（Wright 32）。

紀登士不同意馬克思把資本主義的出現當成爲人類進入社會主義，乃至共產主義之前最後的階段，也就是說他不贊成馬克思把資本主義當成人類整部進化史上的「高點」（high point）來看待。原因是紀氏認爲資本主義的特徵與前資本主義，或非資本主義截然有別，它不是人類歷史循序漸進發展位階上「史前」時代的終站❼。紀氏認爲社會與社會之間的關係，或一個社會之內的關係，並非是單線的進化軌道上所表現出來不同的發展階段，而是這些關係表現了「疊合的多重性」（multiplicity of overlaps），亦即各種型態不同的社會之並存或交疊。

不同型態社會的出現與交疊完全仰賴於社會宰制、時間與地點之不同而定，這便是涉及紀氏所指稱的時空距離之層次的問題，也即以時空距離層次之高低，以及使用何種（配置還是權威）的資源來決定社會的型態。

結論與評估

在撰寫《歷史唯物論的當代批判》第一卷（1981；簡稱《批判》）之前，紀登士無論是在早期的作品《資本主義和現代社會理論》（1971），或《先進社會的階級結構》（1973）中都否認他自己是馬克思主義者。他雖非馬克思主義者，但並非是馬克思主義的反對者。顯然他不是以馬克思主義「頑強的敵人」（implacable opponent），或告別馬克思主義而醒覺的改宗者（disillusioned ex-believer）之身分來批評馬克思主義。早在《社會學方法新規則》（1976）與《社會理論的中心問題》（1979）兩書中，紀氏便宣稱：「只有當歷史唯物論被看作是體現人類實踐（praxis）的理論較爲抽象之因素——這是從馬克思龐雜的著作中唯一可以擷取的極少部份——時，這一學說才可以說是對當代社會理論有其不可磨滅的貢獻」。

對照著紀登士早期的作品，可知《批判》是一部以批判馬克思學說爲主的著作，在這本著作中，他認爲馬克思的唯物史觀不能作爲人類社會發展概括化的描繪，馬克思對資本主義的動力和社會主義的承繼之敍述，無一能夠爲現代的性格提供解析的理論架構（Held and Thompson 260）。

紀氏在《批判》中指出：不管馬克思在歷史唯物論中視階級宰制如何重要，視勞動（剩餘價值）剝削如何重要，馬克思和馬克思主義對人類實踐的眞知灼見都值得吾人矚目。特別是馬克思提及人類行動所牽涉到的不可知狀況，以及行動所造成的非預期之結果，都是啓發紀氏發展他結構兼行動理論的契機。

在《批判》中，紀氏揭露馬克思理論的缺失，就是未能對權力，尤其是軍事權力，作出滿意的闡釋，更不曾對個人、集體、國家之使用或濫用暴力加以分析，也未能對民族國家和民族主義有進一步的澄清。要之，紀氏認爲馬克思最大的缺失爲把剝削概念限制在階級關係之上，未能擴展至兩性與種族的歧視、虐待之上。這些缺失無論怎樣修補、翻新都無法使馬克思主義成為解釋當代社會唯一可靠的批判理論。

在《批判》中，紀登士雖然有些概念（像馬克思所說的「實踐」、「勞動價值說」等）得自馬克思，但是更多的想法卻是由西方馬克思主義（西馬）的盧卡奇（Georg Lukács）、法蘭克福學派乃至近時卡斯多理亞德士（Cornelius Castoriadis）、列佛（Claude Lefort）等之學說所啓迪的。因為在西馬的理論中所關懷的包括有物化、宰制的多面性、馬克思主義者理論的自相矛盾等等。這些激發紀氏深思熟慮，而提出嶄新的解釋。前面我們曾提及紀登士對馬克思主義的批評，除了深受馬克思與恩格斯古典馬克思主義、或說是馬克思主義創始人的觀念影響之外，其餘有關馬克思主義的學說，便是受到西馬，特別是法蘭克福學派的影響，但他理論的一個缺失，就是未能就馬克思之後的馬克思主義理論或歷史做過深刻的檢驗，這造成人們懷疑他有藉正統馬克思主義的教條之詮釋來反對西馬的嫌疑（Gane 1983: 371-372）。

在《社會理論的中心問題》（1979）一書中，紀氏已發展出他獨特的結構兼行動理論，指出社會科學中行動概念之重要，但在指明行動重要的同時，他避免掉入向來行動論的主觀窠臼，蓋向來的行動論者只會重視行動的主體而輕視社會體系的結構因素。是故紀氏強調結構的雙重性：「社會體系結構的性質同時含有社會行動之中介和結果」這雙重特性。

紀氏便是應用這些新概念來進行歷史唯物論的批判。

他發現馬克思的歷史唯物論中含有功能論、結構論、化約論和進化論之瑕疵，這些都成爲他要批判的對象。

顯然紀登士是反對進化論，不過賴特認爲紀登士以配置或是權威的資源之使用，以及時空距離層次的高低來區分社會型態，基本上也是另外一種的進化論，這種進化論固然有與馬克思五種或六種生產方式和以階級關係所組成的社會進化觀有別，但其爲進化論殆屬無疑。換言之，我們如果回顧本章表二的情形，那麼紀登士仍舊以時空距離層次的高低分辨部落社會、封建社會、資本主義社會和社會主義社會之不同。這不只是社會型態之不同，也涉及發展高低層次的問題，因之，也是一種的進化論（Wright 25-27）。

至於紀氏所批評的馬克思主義學說中充滿功能論的弊端，固然擊中馬克思理論的要害，但他未免忽視西馬與新馬學者對功能論的檢討，尤其柯亨（G. A. Cohen）以嚴密的解析方法，也以新的功能論來爲馬克思的唯物史觀進行剖析和衛護，說明功能論並非只能描述、而無法解釋社會現象（Cohen 1982: 27-56）。

賴特認爲紀登士儘管分辨配置的資源與權威的資源之不同，而強調資本主義社會和封建主義社會之區分在於前者依賴配置資源，後者依賴權威資源作爲權力的基礎之緣故；不過，權威的資源之所以能夠發揮權力的作用，莫非因爲它建立在財產的私有權之上，即法律上可以隨意支配財產的權利之上。這說明兩者（配置與權威兩種資源）歸根究底還是回到馬克思原始的主張：階級關係出於分工與私產的法律關係，是故封建社會之存有階級以及封建主之擁有權威，仍舊可以用私產來加以說明，從而使紀氏兩種不同資源的區分失掉意義（Wright 20）。

易言之，賴特認為紀登士所使用的階級概念與馬克思主義者使用此一概念相差不遠，基本上都是對剩餘勞動（產品或價值）的掠取之機制，而分成的群體。在對剩餘價值進行掠奪的機制中，經濟與政治（配置與權威）的因素都結合起來，以致在封建主義社會裡，這一機制牽涉到非經濟的壓制，而成為紀氏所強調的權威資源之利用。反之，在資本主義社會裡，勞動者表面上享有契約的自由、交易的平等，事實上其生產過程卻是被嚴密監控，其勞動的剩餘成果卻被剝奪。要之，無論是封建主義社會、還是資本主義社會，無產者之勞動剩餘價值都是被搾取的，這就是這兩種社會均存有階級關係的明證（*ibid.*, 21）。要之，賴特以此證明馬克思視封建主義和資本主義社會都是階級社會的正確，以及紀登士分辨這兩種社會為階級分化的社會與階級社會之不妥，從而駁斥紀氏使用階級化約論，或經濟決定論來批評馬克思主義之過當。

總之，紀登士使用新的理論（結構兼行動理論）和新的學術名詞（new terminology，像時空距離、時空交界、片斷特徵、片斷轉變等）來重新詮釋馬克思主義，其解構的努力值得肯定，儘管解構的結果，並沒有使馬克思的社會學說與歷史理論徹底失效。無論如何，這是新馬克思主義或稱後馬克思主義❽出現以來，繼哈伯馬斯和卜地峨等當代大理論之後的另一偉構，值得吾人注目與反思。

【註釋】

❶在評論紀登士1981年的著作時，David Held指出紀氏自1971年以來幾乎每年有一本新著的出版。他不僅討論古典三大家（馬克思、涂爾幹、韋伯）的社會學理論，也評及當代政治與社會理論（從傅柯到貝爾），其研討的主題更牽連到自殺、階級、意識形態、國家等大問題。以他的著作廣受社會學界經常引用的情況便可得知其端倪（Held ，David 1982: 98）。Ian Craib更指出在1992年左右居然有四本專著與論文集的出版，由社會學界著名學人來研討紀登士學說的每一部份，足見其影響之大，在當今英語世界無出其右者。此外，令人十分驚訝的是這位劍橋大學的社會學教授半世紀以來，獨力爲這所全球著名的古老大學創立了一個新的政治與社會科學學院，也與友人合力創辦一間大出版公司（The Polity Press）。除了英文之外，紀氏精通法文、德文、義大利文。自1971年至1989年已出版了二十三本著作和文集。其學問領域除社會學、政治學之外，也精通心理學、哲學、語言學、地理學、歷史學、經濟學等等，可謂是當代的博學碩儒（Bryant and Jary 1991: 1-2）.

❷此點與哈伯馬斯「重建」（reconstructing）馬克思的歷史唯物論不同，哈氏企圖以溝通理論來補充馬克思強調勞動之不足，紀氏則指出馬克思主義之缺陷，但既非自外頭指明其徹底謬誤（像Karl Popper），又非自其內部重加修正改造（像Louis Althusser），而是以非馬克思主義者的身份，作出欣賞性的批判（appreciative critique），俾在馬克思主義的傳統中擷取有用的部份，來建構他替代的理論，亦即支持後馬克思主義者的主張，而本身卻不是馬克思主義者。參考Bryant and Jary 3.

❸Marx and Engels *CW* 11: 103.

❹普羅米修斯爲古希臘神話悲劇性的人物，他不惜背叛神意，從天上盜火種送到人間，因而受到嚴厲的懲罰。青年時代的馬克思，自比擬爲普羅米修斯，（見洪鎌德1986: 1-2）。

❺雖取自Wright的作品，但由本書作者把上下高低顚倒過來。

❻關於馬克思主義與倫理的關係，可參考洪鎌德1996d.

❼馬克思認爲只有當人類能夠完全控制自己的命運，不再受到典章制度的束縛，而由必然的王國躍入自由的王國時，才是人類眞正創造歷史的開始，之前的所有歷史，在他看來都屬於史前時期，參考Marx and Engels, *SW* 1: 504；洪鎌德1997d:261;1997e:226.

❽依本書作者的說法，新馬克思主義是繼承西方馬克思主義，出現在20世紀60年代中之西方學院式的馬克思主義之修正、補充，由20世紀80年代中出現之後馬克思主義（拉克勞〔Ernesto Laclau〕、穆佛〔Chantal Mouffe〕等）之學說，則爲強調「言說」（discourse）取代社會形構（social formation）的新學說，參考洪鎌德1996a: 9-10.

參考書目

外文書目

Archer, Margaret

1982 "Morphogenesis versus Structuration: on Combining Strucuture and Action", *The British Journal of Sociology,* 33 (4): 455-479.

Ashford, Nigel and Stephen Davies (eds.)

1991 *A Dictionary of Conservative and Libertarian Thought,* London and New York: Routledge.

Beck, Ulrics

1992 "How Modern is Modern Society?" *Theory, Culture and Society,* 9 (2): 163-169.

Bernstein, Richard J.

1989 "Social Theory as Critique", in Held, David & J. B. Thompson (eds.), *Social Theory of Modern Societies: Anthony Giddens and His Critics,* Cambridge University Press, pp. 19-33.

Betilsson, Margareta

1984 "The Theory of Structuration: Prospects and Problems", *Acta Sociologica,* 27 (4): 339-353.

Betts, Katherine

1982 "The Conditions of Action, Power and the Problem of Interests", *Sociological Review,* 34: 39-64.

Birnbaum, Norman

1953 "Conflicting Interpretation of the Rise of Capitalism, Marx and Weber", *British Journal of Sociology,* 4:125-141.

Bourdieu, Pierre

1958 *Sociologie de L'Algérie,* Paris: Presses Universitaries de France.

1962 *The Algerians,* Boston: Beacon Press.

1971 "Intellectual Field and Creative Project", in M. F. D. Young (ed.), *Knowledge and Control: New Directions in the Sociology of Education,* London: Collier Macmillan.

1973 "Cultural Reproduction and Social Reproduction", in R. Brown (ed.), *Knowledge, Education and Cultural Change,* London: Tavistock.

1977a *Outline of a Theory of Practice,* Cambridge: Cambridge University Press.

1977b *Algérie 60: structures économique et structures temporelles,* Paris: Les Éditions de Minuit.

1979 *Algeria 1960,* Cambridge: Cambridge University Press.

1980 *Le Sens Pratique,* Paris: Les Éditions de Minuit.

1981 "Outline of a Theory of Practice", *Canberra Anthropology,* vol. 4. pp. 23-51.

1982 *Leçon sur le Leçon,* Paris: Les Éditions de Minuit.

1984 *Distinction: A Social Critique of the Judgement of Taste,* London: Routledge and Kegan Paul.

1988 *Homo Academicus,* Cambridge: Polity.

1989 *La noblesse d'Eat. Grand corps et grandes écoles,* Paris: Les Éditions de Minuit.

1990a *In Other Words: Essays Towards a Reflexive Sociology,* Cambridge: Polity.

1990b *The Logic of Practice,* Cambridge: Polity.

1991a *Language and Symbolic Power*, Cambridge: Polity.

1991b *The Political Ontology of Martin Heidegger,* Cambridge: Polity.

1993 *The Field of Cultural Production: Essays on Arts and Literature,* New York: Columbia University Press.

1994a *Academic Discourse: Linguistic Misunderstanding and Professional Power,* Cambridge: Polity.

1994b *Practice, Class and Culture: Selected Essays* , Cambridge: Polity.

Bourdieu, Pierre and L. J. P. Wacquant

1992 *An Invitation to Reflexive Sociology,* Cambridge: Polity.

Bourdieu, Pierre and J. C. Passeron

1977 *Reproduction in Education, Society and Culture,* London: Sage.

1979 *The Inheritors: French Students and Their Relations to Culture,* Chicago: University of Chicago Press.

Bourdieu, Pierre, A. Darbel and D. Schnapper

1991 *The Love of Art: European Art Museums and Their Public,* Cambridge: Polity.

Bourdieu, Pierre, A. Darbel, J-P. Rivet and C. Siebel

1963 *Travail et travailleurs en Algérie,* Paris : Mouton.

Bourdieu, Pierre, J. C. Chamboredon and J. C. Passeron

1991 *The Craft of Sociology: Epistemological Preliminaries,* Berlin and New York: Walter de Gruyter.

Bourdieu, Pierre, L. Boltanski, R. Castel and J. C. Chamboredon

1990 *Photography: A Middle-brow Art,* Cambridge: Polity.

Brubaker, Rogers

1985 "Rethinking Classical Theory: The Sociological Vision of Pierre Bourdieu", *Theory and Society,* Nov. 14 (6): 745-775.

Bryant, Christopher G. A. & David Jary (eds.)

1991 *Giddens' Theory of Structuration: A Critical Appreciation,* London and New York: Routledge.

Callinicos, Alex

1985 "Anthony Giddens: A Contemporary Critique", *Theory and Society,* 14 (2): 133-166.

Cassell, Philip

1993 *The Giddens Reader,* London: Macmillan.

Cibois, Philippe, K. M. von Meter, L. Mounier and M. A. Schiltz

1992 "French Sociology", in Edgar F. Borgatta (ed .) *The Encyclopedia of Sociology,* vol. 2, New York: Macmillan.

Clark, J. C. Modgil & S. Modgil (eds.)

1990 *Anthony Giddens: Consensus and Controversy,* Brighton: Falmer Press.

Cohen, G. A.

1982 "Functional Explanation, Consequence Explanation and Marxism", *Inquiry,* 25: 27-56.

Cohen, Ira J.

1989 *Structuration Theory: Anthony Giddens and the Constitution of Social Life,* Houndmills *et. al.*: Macmillan.

1990 "Structuration Theory and Social Order: Five Issues in Brief", in Clark, Jon, C. & S, Modgil (eds.), *Anthony Giddens: Consensus and Controversy,* London *et. al.* : Falmer Press, pp. 33-46.

Craib, Ian

1992 *Anthony Giddens,* London: Routledge.

Dallmayer, Fred R.

1982 "The Theory of Structuration: A Critique in Anthony Giddens", Giddens, A. (eds.), *Profiles and Critiques in Social Theory,* London: Macmillan.

Dilthey, Wilhelm

1958 *Gesammelte Schriften,* Bd. VII: *Der Aufbau der Geschichtlichen Welt in den Geisteswissenschaften,* Stuttgart und Göttingen.

DiMaggio, Paul

1979 "Review Essay: On Pierre Bourdieu", *American Journal of Sociology,* May, 84 (6): 1460-1474.

Duan Zhongqiao

1995 *Marx's Theory of Social Formation,* Aldershot *et. al.* : Avebury.

Gane, Mike

1983 "Anthony Giddens and the Crisis of Social Theory", *Economy and Society,* 12: 368-398.

Giddens, Anthony

1970 "Marx, Weber and the Development of Capitalism", *Sociology* 4:289-310.

1971 *Capitalism and Modern Social Theory,* Cambridge: Cambridge University Press.

1972 *Politics and Sociology in the Thought of Max Weber,* London: Macmillan.

1973 *The Class Structure of the Advanced Societies,* London: Hutchinson.

1976 *New Rules of Sociological Method,* London: Hutchinson.

1977 *Studies in Social and Political Theories,* London: Hutchinson.

1979 *Central Problems in Social Theory: Action, Structure and Contradiction in Social Analysis,* London: Macmillan.

1981 *A Contemporary Critique of Historical Meterialism:* Vol. 1: *Power, Property and the State,* London: Macmillan, 2nd edition 1995.

1982 *Profiles and Critiques in Social Theory,* London: Macmillan.

1984 *The Constitution of Society,* Cambridge: Polity Press.

1985 *A Contemporary Critique of Historical Materialism:* Vol. 2: *The Nation-State and Violence,* Cambridge: Polity Press.

1987 *Social Theory and Modern Sociology,* Cambridge: Polity Press, （美國版1990）.

1990a *The Consequences of Modernity,* Cambridge: Polity Press.

1990b "Structuration Theory and Sociological Analysis", in, Clark, Jon, C. & S, Modgil (eds.), *Anthony Giddens: Consensus and Controversy,* London *et. al.* : The Falmer Press, pp. 297-315.

1991 *Modernity and Self-Identity: Self and Society in the Late Modern Age,* Cambridge: Polity Press.

1991 "Conflicting Interpretation of the Rise of Capitalism, Marx and Weber," in: *Max Weber* (1)*: Critical Assessment,* Peter Hamilton (ed.) , London and New York: Routledge, pp.4-20.

1992a *The Transformation in Intimacy,* Cambridge: Polity Press.

1992b *Human Societies: Introductory Reader in Sociology,* Cambridge: Polity Press.

1994 *Beyond Left and Right: The Future of Radical Politics,* Cambridge: Polity Press.

1995 *Politics, Sociology and Social Theory: Encounter with Classical and Modern Thought,* Cambridge: Polity Press.

Giddens, Anthony and Scott Lash

1994 *Reflexive Modernisation, Cambridge: Polity Press.*

Gordon, David

1991 "Libertarianism", Miller, David (ed.), *The Blackwell Encyclopedia of Political Thought,* Oxford: Blackwell.

Gordon, Marshall (ed.)

1994 *The Concise Oxford Dictionary of Sociology,* Oxford: Oxford University Press.

Habermas, Jürgen

1968 *Erkenntnis und Interesse,* Frankfurt am Main : Suhrkmp Verlag; 英譯, *Knowledge and Human Interests,* tr. Jeremy J. Shapiro, London: Heinemann, 1972.

1971 *Zur Logik der Sozialwissenschaften,* Frankfurt am Main: Suhrkmp Verlag, 2. Aufl.

1982 "A Reply to My Critics", in: Thompson J. B. and D. Held (eds.), *Habermas: Critical Debates,* London: Macmillam.

Harker, R. C. Mahar and C. Wilkes (eds.)

1990 *An Introduction to the Work of Pierre Bourdieu: The Practice of Theory,* London: Macmillam.

Held, David and J. B. Thompson (eds.)

1989 *Social Theory of Modern Societies: Anthony Giddens and His Critics,* Cambridge: Cambridge University Press.

Jenkins, Richard

1982 "Pierre Bourdieu and the Reproduction of Determinism", *Sociology,* 16: 270-281.

1992 *Pierre Bourdieu*, London: Routledge.

Kilminster, Richard

1991 "Structuration Theory as A World-view", in: Bryant, C. G. A. & D. Jary (eds.), *Giddens' Theory of Structuration: A Critical Appreciation,* London & New York: Routledge.

Layder, Derek

1981 *Structure, Interaction and Social Theory,* London: Routledge & Kegan Paul.

1985 "Power, Structure and Agency", *Journal for the Theory of Social Behaviour,* 15: 131-149.

Lechte, John

1994 *Fifty Key Contemporary Thinkers,* London and New York: Routledge.

Lemert, Charles

1981 "Literary Politics and the *Champ* of French Sociology", *Theory and Society,* 10: 645-669.

Löwith, Karl

1932 "Max Weber und Karl Marx", *Archiv für Sozialwissenschaft und Sozial Politik,* LXVI: 53-99, 175-215.

1982 *Max Weber and Karl Marx,* Tom Bottomore and William Outwaite (introd. & trans.) , London: Routledge.

1993 *Max Weber and Karl Marx,* Bryan S. Turner (new preface) , London: Routledge.

Luckmann, Thomas

1971 "Einleitung", zu: *Das Problem der Relevanz von Alfred Schütz,* Frankfurt am Main: Suhrkamp Verlag, S. 7-23.

Marcuse, Herbert

1968 *Negations: Essays in Critical Theory,* Boston: Beacon Press.

Marx, Karl

1845 "Theses on Feuerbach", *Collected Works,* (1976), 5: 1-5.

1953 *Grundrisse der Kritik der politischen Ökonomie,* Berlin Dietz Verlag.

1963 *Early Writings,* T.B.Bottomore (ed.) , New York , Toronto and London: McGraw-Hill Book Co.

1964 *Pre-Capitalist Economic Formation,* Eric T. Hobsbawn (introd.) , New York: International Publishers.

1967 *Writings of the Young Marx on Philosophy and Society,* Loyd D. Easton and Kart H. Guddat (eds. & trans)，New York: Dobbledsy.

1973 *Grundrisse*（簡稱 *G* 附頁數），Martin Nicolaus (trans.) Harmondsworth, Middlessex: Penguin.

Marx, Karl and Frederick Engels

1973 *Selected Works,*（簡稱*SW*），vol. 1, Moscow: Progress Publishers.

1975 *Collected Works*（簡稱*CW*附卷頁數），Moscow: Progress Publishers.

1979 *Collected Works,*（簡稱 *CW*），vol. 11, Moscow: Progress Publishers.

Moritz, Charles (ed.)

1982 *Current Biography Yearbook,* New York: The H. V. Wilson Company.

Mouzelis, Nicos

1989 "Restructuring Structuration Theory", *The Sociological Review,* 37 (4): 613-635.

N. N.

1994 *International Who's Who 1994-1995,* New York: Europa Publications.

Natanson, Maurice

1968 "Schutz, Alfred" in: David L. Sills (ed.), *International Encyclopedia of the Social Sciences,* Vol. 14, pp. 72-74, New York: the Macmillan Co. & the Free Press.

1970a *The Journeying Self: A Study in Philosophy and Social Role,* Reading, Mass. *et. al.* : Addison and Wesley.

Natanson, Maurice (ed.)

1970b *"Phenomenology and Social Reality: Essays in Memory of Alfred Schutz,"* The Hague: Nijhoff.

Nozick, Robert

1972 "Coercion", Laslett, P. *et. al.* (eds.) *Philosophy, Politics and Society,* Oxford: Blackwell , pp. 101-135.

1974a *Anarchy, State, and Utopia,* Oxford: Blackwell.

1974b "Who Would Choose Socialism?", *Reason,* May 1978, pp. 22-23.

1981 *Philosophical Explanations,* Oxford: Oxford University Press.

1982 "On the Randian Argument", Paul, J. (ed.), *Reading Nozick,* Oxford: Blackwell, pp. 206-231.

1989 *The Examined Life,* New York: Simon and Schuster.

1993 *The Nature of Rationality,* Princeton, N. J.: Princeton University Press.

Parsons, Talcott

1937 *The Structure of Social Action,* McGraw-Hill Book Co.: New York: The Free Press, Paperback edition, 1968.

Peritore, N. Patrick

1975 "Some Problem in Alfred Schutz's Phenomenological Methodology", in: *The American Political Science Review,* Vol. 69, No. 1, March 1975, pp. 132-140.

Rawls, John

1971 *A Theory of Justice,* Oxford: Oxford Univer sity Press.

Reynaud, J-D. and P. Bourdieu

1974 "Is a Sociology of Action Possible?" in A. Giddens (ed.), *Positivism and Sociology,* London: Heinemann.

Rickert, Henrich

1929 *Die Grenzen der naturwissenschaftlichen Begriffsbildung,* Tübingen: Paul Siebeck, erste Auflag 1896-1902.

Robbins, David

1991 *The Work of Pierre Bourdieu: Recognising Society,* Buckingham: Open University Press.

Robertson, Roland

1992 "Globality and Modernity", *Theory, Culture and Society,* 9 (2): 153-161.

Schutz (Schütz), Alfred

1932 *Der sinnhafte Aufbau der sozialen Welt: Eine Einleitung in die versthende Soziologie,* Wien: Julius Springer Verlag: Frankfurt am Main: Suhrkamp. 1973. 英譯 *The Phenomenology of the Social World,* translated by George Walsh and Friedrich Lehner, with an introduction by George Walsh, Northwestern University Press, 1967; London and Edinburgh: Heinemann Educational Books Ltd. 1972.

1962 *Collected Papers,* Vol. 1: *The Problem of Social Reality,* Maurice Natanson (ed.); Vol. II: *Studies in Social Theory,* Arvid Brodersen (ed.), 1964; Vol. III: *Studies of Phenomenological Philosophy,* Ilse Schutz (ed.), introd. Aron Gurwitsch, 1966, The Hague: Nijhoff.

1970a *On Phenomenology and Social Relations: Selected Writings,* Helmut R. Wagner (ed.), Chicago: University of Chicago Press.

1970b *The Problem of Relevance,* edited with an introduction by Richard M. Zaner. New Haven: Yale University Press. 德文, *Das Problem der Relevanz,* übersetezt von Alexander von Baeyer, mit einer Einleitung von Thomas Luckmann, Frankfurt am Main: Suhrkamp Verlag.

Schütz, Alfred und Thomas Luckmann

1974 *Stukturen der Lebenswelt,* Neuwied a. Rund Berlin: Luchterhand Verlag, 1974; 英譯本 *The Structures of the Life-world* tr. Richard M. Zaner and H. Tristram Engelhard, Jr., Northwestern University Press, 1974; London and Edinburgh: Heinemann Education Book Ltd.

Scott, Alan

1991 "Action, Movement, and Intervention: Reflections on the Sociology of Alain Touraine", *Canadian Review of Sociology and Anthropology,* vol. 28, No. 1: 30-45.

Smith, J. W. and B. S. Turner

1986 "Constructing Social Theory and Constituting Social Theory", *Theory, Culture and Society,* 3 (2): 125-133.

Swanson, Guy E.

1992 "Modernity and the Post-Modern", *Theory, Culture and Society,* 9 (2): 147-151.

Swartz, D.

1977 "Pierre Bourdieu: the Cultural Transmission of Social Inequality", *Harvard Educational Review,* 47: 545-555.

Thompson, John B.

1989 "The Theory of Structuration", in: Held, David & J. B. Thompson (eds.), *Social Theory of Modern Societies: Anthony Giddens and His Critics,* Cambridge University Press, pp. 56-76.

Touraine, Alain

1955 *L'Evolutuion du travail ouvrier aux usines Renault,* Paris: CNRS.

1971 *The Post-Industrial Society. Tomorrow's Social History: Classes, Conflicts and Culture in the Programmed Society,* trans. Leonard F. X. Mayhew, New York: Random House.

1974 "Towards a Sociology of Action", in Anthony Giddens (ed.), *Positivism and Sociology,* London: Heinemann, pp. 75-100.

1977 *The Self-production of Society,* trans. Derek Coltman, Chicago: Chicago University Press.

1981 *The Voice and Eye: an Analysis of Social Movement (1987),* trans. Alen Duff, Cambridge: Cambridge University Press.

1987 *Return of the Actor: Social Theory in Post-industrial Society,* trans. Myrne Godzich, Minneapolis: University Minnesota Press.

1989 "Is Sociology Still the Study of Society?", trans. Johann Arnason and David Roberts, *Thesis Eleven,* 23:5-34.

1992 *Critique de la Modernité,* Paris: Fayard.

Touraine, A. et. al.

1983a *Solidarity, An Analysis of a Social Movement: Poland 1980-1981 (1982),* trans. David Denby, Cambridge: Cambridge University Press.

1983b *Anti-Nuclear Protest: The Opposition to Nuclear Energy in France,* trans. Peter Fawcett, Cambridge & New York: Cambridge University Press.

Touraine, A., Michel Wieviorka and François Dubet

1984 *The Worker's Movement,* trans. Jan Patterson, Cambridge University Press.

Turner, Bryan S.

1992 "Weber, Giddens and Modernity", *Theory, Culture and Society,* 9 (2): 141-146.

Turner, Jonathan H.

1981 "Review Essay: The Theory of Structuration", *American Journal of Sociology,* 91 (4): 969-977.

Wacquant, L. D.

1989 "Towards a Reflexive Sociology: A Workshop with Pierre Bourdieu", *Sociological Theory,* 7 (1):26-63.

Walsh, George

1972 "Introduction" to *The Phenomenology of the Social World,* by Alfred Schutz, London: Heinemann Educational Books Ltd.

Weber, Max

1924a *Gesammelte Aufsätz zur Soziologie und Sozialpolitik,* Tübingen: J. C. B. Mohr.

1924b *Gesammelte Aufsätze zur Soziologie und Wirtschaftsgeschichte,* Tübingen: Mohr.

1924c "Socialism" in W. G. Runciman (ed.) , *Max Weber : Selections in Translation,* Cambridge: Cambridge University Press, 1978.

1949 *The Methodology of the Social Sciences,* Edward A. Shils and Henry A. Finch (trans.) , Glencoe , I11.: The Free Press.

1956 *Gesellschaft und Wirtschaft,* hrsg. von Johannes Winckelmann, Köln und Berlin: Kiepenheur & Witsch, Studienausgabe, Zwei Bände.

1958 *From Max Weber,* Hans H. Gerth and C. Wright Mills (trans.) , New York: Oxford University Press, 1st ed. 1946.

1968 *Methodologische Schriften,* mit einer Einführung, besorgt von Johannes Winckelmann, Frankfurt am Main: S. Fischer-Verlag.

1971 *Gesammelte Politische Schriften,* Tübiugen: J. C. B. Mohr (Paul Siebeck) .

1973 *Gesammelte Aufsätze zur Wissenschaftslehre,* Tübingen: J. C. B. Mohr (Paul Siebeck), 4. Aufl.

Williams, Bernard

1975 "Review Article on Nozick's *Anarchy, State, and Utopia", London Times Literary Supplement,* 17, 1. 1975.

Willmott, Hugh C.

1986 "Unconscious Sources of Motivation in the Theory of Subject: An Exploration and Critique of Giddens' Dualistic Model of Action and Personality", *Journal for the Theory of Social Behaviour,* 16 (1): 105-121.

Wolff, Jonathan

1991 *Robert Nozick: Property, Justice and the Minimal State,* Cambridge: Polity Press.

Wolff, R.P.

1982 "Robert Nozick's Derivation of the Minimal State", Paul, J. (ed.), *Reading Nozick,* Oxford: Blackwell.

Wright, Ecik. O.

1983 "Giddens' Critique of Marxism", *New Left Review,* 138: 11-35.

中文書目

石元康

1991　〈自然權利、國家與公正：諾錫克的極端自由主義〉，周陽山（編），《當代政治心靈——當代政治思想家》，台北：正中書局，172-204頁。

胡正光

1997　《紀登士的社會變遷圖像：唯物史觀的當代批判》，台北：台大政治學研究所碩士論文。

洪鎌德

1974a　〈泛談社會行爲〉，《星洲日報》，文化版，1974年4月16日。

1974b　《現代社會學導論》，台北，台北商務印書館，第二版；212 -213頁。

1975　〈論政治學的科學性質〉，《星洲日報》，文化版，1975年4月9日；16日；23日。

1977a　《社會科學與現代社會》，第9章〈舒慈「社會現象學」評述〉，台北：牧童出版社，83-106頁。

1977b　《思想及方法》，第9章〈自我的失落與尋求—艾利生人本思想簡介〉，台北：牧童出版社，101-108頁。

1986　《傳統與反叛—青年馬克思思想探索》，台北：台灣商務印書館。

1995a　〈評析法國思想家杜赫尼的社會學說〉《美歐月刊》，107：80-96。

1995b 〈卜地峨社會學理論之評析〉，《台大社會學刊》，24：1-34。

1996a 《跨世紀的馬克思主義》，台北：月旦出版社。

1996b 〈紀登士評歷史唯物論〉，《美歐月刊》，123：77-96。

1996c 〈紀登士的結構兼行動理論之評析〉，《美歐月刊》，127：85-105。

1996d 〈馬克思倫理觀的析評〉，《中山學術論叢》，14：27-61。

1997a 《社會學說與政治理論——當代尖端思想之介紹》，台北：揚智文化事業公司，第一版。

1997b 《人文思想與現代社會》，台北：揚智文化事業公司。

1997c 《馬克思「人的解放」之析評》，國科會專題研究計畫成果報告。

1997d 《馬克思》，台北：東大圖書公司。

1997e 《馬克思社會學說之析評》，台北：揚智文化事業公司。

洪鎌德、胡正光

1996 〈從結構——行動理論看唯物史觀〉，《哲學與文化》，23(12)：2263-2277。

紀登士著作之中文翻譯

1989 紀登士著，簡惠美譯，《資本主義與現代社會學理論》，台北：允晨。

1992　紀登士著，廖仁義譯，《批判的社會學導論》，台北：唐山。

1997　紀登士著，張家銘譯《社學會》（上）（下），台北：唐山出版社。

高承恕

1975　〈社會科學之特性——一個現象學的檢討〉，《哲學與文化》，2(4)：27-33。

高宣揚

1991a　〈論布爾迪厄的「生存心態」概念〉，《思與言》，23(3)：21-76。

1991b　〈再論布爾迪厄的「生存心態」概念〉，《思與言》，29(4)：295-304。

1991c　〈政權社會學的開創者比埃爾・布爾迪厄〉，周陽山（編），《當代政治心靈—當代政治思想家》，台北：正中書局，300-354頁。

1995　〈論布爾迪厄社會學中關於「象徵性實驗」的概念〉，《中山學術論叢》，13：21-51。

黃瑞祺

1997　〈現代或後現代——紀登士論現代性〉，《東吳社會學報》，5:287-311.

引得

人名引得

專有名詞引得

Social Theory and Political Philosophy

by Dr. HUNG Lien-te

Contents

Social Theory and Political Philosophy

社會學說與政治理論──當代尖端思想之介紹

作　　者／洪鎌德
出 版 者／揚智文化事業股份有限公司
發 行 人／葉忠賢
執行編輯／應靜海
登 記 證／局版北市業字第 1117 號
地　　址／台北市新生南路三段 88 號 5 樓之 6
電　　話／(02)2366-0309　2366-0313
傳　　真／(02)2366-0310
E - mail ／tn605547@ms6.tisnet.net.tw
網　　址／http://www.ycrc.com.tw
郵政劃撥／1453497-6　揚智文化事業股份有限公司
印　　刷／偉勵彩色印刷股份有限公司
法律顧問／北辰著作權事務所　蕭雄淋律師
ISBN ／957-8446-57-7
二版一刷／1998 年 2 月
二版二刷／2000 年 8 月
定　　價／新臺幣 200 元

國家圖書館出版品預行編目資料

社會學說與政治理論:當代尖端思想之介紹=
Social Theory and Political Philosophy/
洪鎌德著. -- 二版.-- 臺北市 : 揚智文化,
1998 [民 87]
面 ; 公分.-- (揚智叢刊; 23B)
參考書目:面
含索引
ISBN 957-8446-52-7(平裝)

1. 社會學 - 哲學,原理 2. 政治- 哲學,原理

540.1 86014469

§馬克思社會學說之析評

作者:洪鎌德

價格:NT.400

本書爲涉及馬克思社會學說、人性觀點、歷史看法
最完整、最新穎的力作，
亦爲作者研究與教授馬克思理論二、三十年的心得。
馬克思終身所關懷的是人類的解放的問題。
他的解放觀是建立在人與社會的更新、
人對環境的改善與人對歷史的創作之上，
是故本書圍繞在人、社會、歷史三個主題，
而試圖說明這三者彼此互動的辯證關係。

本書作者爲國內外大學與研究機構著名的馬克思權威，
曾前往英美、與中國大陸講解
馬克思主義、西方馬克思主義與新馬克思主義
諸學派、諸理論，
而獲得國際學界之推崇。

人文思想與現代社會

作者:洪鎌德
價格:NT.400

這是一本廣泛介紹當今世界先進人文思想與社會學說的專書。首先本書闡釋西洋文藝復興以來所產生、發揚的人文主義、人本思想和人道精神，然後按各人文學科的次序分別討論神話、宗教、藝術、美學、語言、文學、哲學、倫理學、歷史、史觀、文化與文明等等，其目的在彰顯人文學科所討論的人本主義之本質，以及東西文明相互交融與衝突之情況。

在由淺入深逐步引導下，作者於介紹人文學科之後，轉而討論社會現象、社會學說與社會科學。對西洋社會科學產生的時代背景、其所蘊藏的哲學意涵有進一步的勾勒。尤其對現代社會科學的方法論及其發展趨勢做了細緻的描繪與精密的分析。接著由社會行爲與政治行爲之考察進一步探究政治學、社會學、經濟學、社會人類學與社會心理學這社會科學五大主要的分支，包括個別學科的研究主旨與近期發展狀況。最後殿以現代社會諸種面向、諸種特徵的剖析，俾爲進入後工業、後現代、跨世紀台灣社會之定性與定位，舖好研究途徑。

本書不僅爲學習人文學科、或社會學科入門初階，就是研究政、經、社會、法律、傳媒之學者與工作者，也爲一理想的指引與參考的手冊。全書結構嚴謹、內容豐富而新穎、解釋清晰而生動，允爲一精要的人文學科與社會科學小百科全書。